◇ 和创造世界名牌的人

「 一起放飞梦想 」

◇ # 数码产品的开拓者索尼

shuma chanpin de kaituozhe suoni

徐 萍◆编著

吉林出版集团有限责任公司

图书在版编目（ＣＩＰ）数据

数码产品的开拓者索尼 / 徐萍编著. -- 长春：吉林出版集团有限责任公司，2013.11

（和创造世界名牌的人一起放飞梦想）

ISBN 978-7-5463-6972-3

Ⅰ. ①数… Ⅱ. ①徐… Ⅲ. ①盛田昭夫（1921～1999）—生平事迹—青年读物②盛田昭夫（1921～1999）—生平事迹—少年读物 Ⅳ. ①K833.135.38-49

中国版本图书馆CIP数据核字（2013）第269072号

数码产品的开拓者索尼
SHUMA CHANPIN DE KAITUOZHE SUONI

编　　　著：徐　萍
项目负责：陈　曲
责任编辑：陈　曲　潘　晶
出　　　版：吉林出版集团股份有限公司
发　　　行：吉林出版集团社科图书有限公司
电　　　话：0431-81629727
印　　　刷：北京一鑫印务有限责任公司
开　　　本：710mm×960mm 1/16
字　　　数：100千字
印　　　张：12
版　　　次：2014年3月第1版
印　　　次：2019年7月第2次印刷
书　　　号：ISBN 978-7-5463-6972-3
定　　　价：23.80元

如发现印装质量问题，影响阅读，请与出版方联系调换。0431-81629727

梦想与生命共存　传奇与我们同在

当你拥有这套《和创造世界名牌的人一起放飞梦想》系列丛书并真正读懂它的时候，祝贺你，你已经向成功又迈近了一大步，并可以为自己的人生勾画一张蓝图了。

开卷有益，我们不是猎奇，不是对世界名人和超级品牌的奇闻轶事简单地一声惊叹，而且通过阅读，让我们的视野变得更加开阔，让我们能够更好地认识这个世界，并找到适合自己的成功之路。

这是一套全方位满足你阅读愿望的好书，文字鲜活，引人入胜。这里有商界巨鳄的传奇创业故事，也有他们普通如你我的日常生活，当你随着一行行文字重走他们的人生之路时，你的心一定会在波澜起伏中感到一种快意。或许他们的成功不能复制，但是他们的坚韧、执着、宽容——这些成功的要素，我们可以复制。

通过阅读名人的成长故事，重温名人的创业之路，我们会发现，健全的人格、自由的意志、高远的理想、敢于实践的勇气、高瞻远瞩的见地、坚毅勇敢的性格、理性处世的原则、独立思考的习惯、幽默风趣的表达方式……一个人成功的诸多要素都以具体而形象的方式展现在你的面前。

每个人都有自己的生活轨迹，然而成功之路殊途同归，这一路上你的行囊里必须要装入梦想、希望、宽容和坚韧。

请给自己一个梦想吧！梦想是成功的种子，梦想是希望的支点。从这套书中你会发现，每一个了不起的品牌里都承载了品牌创始人那激越的梦想。是梦想，让他们充满激情，斗志昂扬；是梦想，在困境中带给他们希望，让他们有了坚持下去的勇气；是梦想，激励他们不断向前进！

为梦想不懈地努力吧！从这套书中你会明白，任何人的成功都不会一帆风顺，在鲜花和掌声的背后，有太多不为人知的痛苦。那些创业中的失败、徘徊和挫折，对我们来说更具有启迪的价值。真正的勇敢者，并不是无所畏惧，而是在面对挫折的时候，能及时调整自己，正视艰难困苦，不放弃希望。所谓成功，不过是努力的另一个名字罢了。

伟大的戏剧家莎士比亚曾说："一个最困苦、最卑贱、最为命运所屈辱的人，只要还抱有希望，便无所怨惧。"

生命只有一次，让我们在阅读中汲取无穷的力量吧！《和创造世界名牌的人一起放飞梦想》系列丛书会带你走进一个传奇世界，仔细阅读并把你的梦想付诸实践，你也许会成为下一个传奇。

带上我们的梦想启程，为我们璀璨夺目的人生而奋斗！

目录
Content

前 言

Introduction

今天，索尼的产品行销世界，"SONY"的标志也随处可见。在二战的废墟中成立的索尼，从最初19万日元的资产，到每年盈利数十亿美元；从最初拥有36人的小厂，到如今在美国、英国、德国、加拿大等100多个国家和地区投资设厂的大公司；从屡次失败的电饭锅，到研制成功第一台磁带录音机、彩色电视机、8厘米摄录机以及风靡全球的"随身听"和PSP；从默默无闻的小工厂，到日本五强之一、世界百强之一。索尼不断推出新产品，创造了一个又一个奇迹。它的成功被誉为"日本的神话"，而神话的缔造者——盛田昭夫也被誉为"索尼的皇帝""日本的爱迪生""经营四圣""赚钱奇才""经营神童"。每一位影响世界的伟大人物，都有一段感人至深、发人深省的故事，盛田昭夫也不例外。

和创造世界名牌的人

一起放飞梦想

Let the dream fly

1921年，盛田昭夫出生于一个偏僻的小渔村。盛田家祖祖辈辈以酿米酒为生，在当地颇有盛名。父母一心期待他继承家业，他却偏偏不听话，甚至放弃大学教师的职位，去漏雨的屋子里研究录音机。当大家都说他不切实际时，谁又能想到他创立的索尼能成为与松下、飞利浦并驾齐驱的世界三大电器公司呢？

上中学时，盛田昭夫成绩不好，毕业典礼上还被校长嘲笑，谁又能想到日后的他会说着一口流利的英语，足迹遍及世界各地，与日本天皇、美国国务卿基辛格成为好朋友呢？

战争开始时，他还在读大学，选择终身服役的他，本以为生死未卜，谁能想到正是战争成就了他和索尼的辉煌呢？战争中他结识了井深大，志同道合的两个人一起创办了"东京通信工业"，也就是日后的索尼。也正是因为改造战时的收音机，他们才在业界小有名气。

1950年，当日本第一台磁带录音机被他和伙伴们呕心沥血地研制成功时，本以为可以赚大钱，结果却一台也没卖出去。谁能想到就是这个名不见经传的"玩具"，奠定了索尼永远比别人领先一步的"开拓者"地位。

20世纪80年代，当井深大抱怨录音机的沉重时，盛田昭夫却看到了商机，进而诞生了索尼的另一个销售奇迹——"随身听"，并使索尼成为世界上最大的耳机制造商。

1988年，盛田昭夫决心收购CBS唱片公司，尽管公司上上下下没有一个人赞成，但盛田昭夫却力排众议，最后以20亿美元收购了CBS唱片公司。两年后，CBS唱片公司不仅没有拖垮索尼，还为索尼带来了近30亿美元的利润。1989年，索尼收购了哥伦比亚电影公司，当很多人都说这是"危险的赌博"时，索尼却获得了奥斯卡的17项提名，成为电影业的三大巨头之一。美国人对此惶恐不安，因为"日本人买走了美国魂"。

曾经有人问盛田昭夫，成功的秘诀是什么。对此，盛田昭夫笑着说："其实很简单，就是以人为本。"

创业初，公司的员工虽然只有36人，但却全部是掌握先进技术并且富有创造力的人才。现在，索尼公司的科技专家和工程师已经发展到了9000多人。公司经常鼓励员工根据自己的兴趣申请研究课题，绝不论资排辈，也绝不会只看学历。正是这种不拘一格的开阔胸襟和管理智慧才使得索尼人才辈出，不断推陈出新。

索尼每年在科技研发上投入巨资，它推出新产品的效率是全世界最高的。索尼平均每天推出4种新产品，每年推出1000多种，创造了日本乃至世界的多个第一。

此外，盛田昭夫在创业初期就有着国际化的定位，他带领索尼公司在欧美建立跨国公司并且上市，索尼的产品出口到世界各地，实现了"企业国际化"的梦想。

　　盛田昭夫和索尼的成功，既是幸运的也是必然的。没有人仅凭运气就可以成功。善于把握机会，永远比怨天尤人更能接近成功。希望盛田昭夫和索尼的故事，能使我们从中汲取一些经验、勇气与智慧，练就一双辨认"机遇"与"陷阱"的慧眼，少走弯路，敲开成功的大门，走出精彩的人生。

SONY

第一章　成长与希望

SONY

第一节 家人的力量

> 最初所拥有的只是梦想，以及毫无根据的自信而已。但是，所有的一切就从这里出发。
>
> ——孙正义

在日本著名的工业城市——名古屋市南部，有一个因陶器而闻名的常滑市。常滑市南部有一个偏僻却美丽的渔村——小铃谷村，这就是本书主人公——盛田昭夫的家乡。

盛田家族是村里的名门望族，从1665年就开始酿造"子日松"牌米酒。在1889年的巴黎国际博览会上，"子日松"牌米酒一举夺得了"金牌奖"。除了米酒之外，盛田家还制作酱油和味噌酱。由于盛田家的生意和人们的生活密切相关，所以长期以来，他们的经济根基都很稳定，并且积累了大量的财富。为了感谢作为衣食父母的村民们，盛田昭夫的高祖父曾经自己出钱为小铃谷村修路，所以村民们都很尊敬盛田家族，为盛田的高祖父修建了庙宇和铜像。

当盛田昭夫回到小铃谷村时，村民们都对他十分热情，亲切地称呼他为"少爷"。备受尊敬的盛田昭夫，从小就非常自信，也非常有责任感，喜欢帮助他人。这种乐善好施的品德，帮助他结识了许多世界各地的朋友，而这些朋友也对他的事业给予了许多帮助。

要说盛田昭夫最佩服的人，莫过于他的这位高祖父。在日本刚刚对外开放的时候，盛田昭夫的高祖父就聘请了一位法国人，希望这位法国人能帮自己从法国引进葡萄根茎，并在村里种植葡萄、酿造葡萄酒。为了使这个新型的产业兴旺起来，盛田昭夫的高祖父还购买了用来加工葡萄的机器和酿酒设备，并且雇了许多农工在葡萄园里劳作。由于日本和法国的气候条件有很大的差异，而且国内几乎没有人有这种种植葡萄的经验，所以盛田昭夫的高祖父在经营的过程中遇到了很多大大小小的难题，最终花了四年的时间，才酿造出了一点儿葡萄酒。

然而，来之不易的喜悦却并没有持续太长的时间。由于当年法国的葡萄园已经受到霉菌和葡萄虫的侵害，所以被带回日本的葡萄藤很显然也受到了感染。盛田家的葡萄园里开始出现葡萄虫，他们只好将葡萄藤全部撤掉，将土地卖了抵债。虽然最后失败了，但高祖父勇于创新的精神和坚韧不拔的意志却让盛田昭夫由衷地敬佩。他曾经说："我的这位祖先，不仅喜欢尝试新鲜事物，而且就算失败了，也有不屈不挠的勇气和力量继续尝试。乐观、坚韧、不屈不挠是盛田家族的特性，父亲认为我也有这些特征，这使我很高兴。"这种对新事物的热爱就像遗传基因一样，融入在盛田昭夫的血液之中，影响着他的成长。在他有机会去参观飞利浦时，看到飞利浦博士的塑像，首先想到的就是小铃谷村里高祖父的塑像。他心中暗暗发誓，一定要将高祖父的探索精神发扬光大，让索尼同飞利浦一样，成为电器行业的开拓者，不断地创造出更多的新产品，让人们的生活更加便利。

除了高祖父，对盛田昭夫影响最大的家庭成员就是从法国学习绘画回来的叔叔——盛田启造。在留学期间，盛田启造经常到伦敦、纽约旅行，见闻广博。

1929年秋天，盛田启造学成归国，8岁的盛田昭夫完全被"时髦"的叔叔征服了。

早上，大家都吃米饭，但是启造叔叔却吃面包。看到叔叔把面包切开夹上奶酪，盛田昭夫瞪大了眼睛。看叔叔吃得津津有味，盛田昭夫也跟妈妈要来了面包，学着叔叔的样子，有模有样地吃了起来。看到叔叔穿着简洁的西服，盛田昭夫觉得帅气极了。他不断地央求母亲，母亲不得已也为他订做了几套西装。那时的小盛田昭夫最喜欢听叔叔讲纽约、伦敦、巴黎各处的见闻，听着这些奇闻轶事，盛田昭夫恨不得插上一双翅膀，去法国的巴黎看看咖啡馆，去美国的康尼岛看看云霄飞车……

启造叔叔所讲述的故事，就像一扇通往世界的大门，同时也打开了盛田昭夫对于花花世界的想象；就像刻在铜器上的铭文，给盛田昭夫留下了不可磨灭的印象。1953年，32岁的盛田昭夫在第一次去纽约时，第一个去的地方就是康尼岛，只为了能够圆童年的一个美丽的梦。盛田昭夫儿时对世界的憧憬，日后变成了索尼的梦想，那就是让索尼的产品走向世界，让世界认识"SONY"。

除了听故事以外，盛田昭夫还常常央求启造叔叔教他学外语，有一天晚上做梦还喊着"Coney Island（康尼岛）"。虽然家人都取笑他，但他从来不觉得丢脸，还是缠着启造叔叔教他新单词。最初接触外语的经历，不仅使盛田昭夫迷上了这门新鲜的课程，还为他以后的学习打下了基础。

后来，盛田昭夫去欧洲考察，在飞机上，尽管他不会英语，还是喜欢用蹩脚的英语拉着别人聊天。最初，虽然他拼命地在脑海中搜索他所能记得的几个单词，努力尝试着用这些单词拼凑出自己想要表达的意思，但等来的却常常是对方迷茫的表情。不过语言表达上的笨拙却并没有给他带来任何自卑和气馁的情绪，他心里想，因为英语差就不好意思说英语，结果只能像哑巴和聋子一样，即使走遍世界也什么都学不到。只有厚着脸皮、不怕难堪地不断练习英语，最终才能学会英语。就这样，一有空闲的时候，他就用英语和别人交流，能不用母语就不用母语。长此以往，经过一天天的积累，盛田昭夫终于能够用英语表达自己的思想了。而随着欧洲之行的结束，他的英语也已经十分流利了，家人和朋友都觉得不可思议。正是这种知难而上的品质，帮助他掌握了英语，也让盛田昭夫带领索尼走

上了"国际化"的道路。

对一个充满好奇心的人来说，一句话就可能指引他一生的道路，一件事就可能决定他一生的方向，一个梦就可能是他追求一生的理想。无数的成功人士，当他们回首往事时，蓦然发现，一生的努力奋斗，不过是为了将儿时的梦想变成今天的现实。而只要我们坚持不懈地追求，梦想终会照进现实。

第二节　教育有方，受益匪浅

> 责任就是对自己要求去做的事情有一种爱。
>
> ——歌德

出生于1921年1月26日的盛田昭夫是家里的长子。在旧时的日本，从土地到金钱乃至家庭的全部财产，都由长子继承。所以，盛田昭夫从出生开始就被看作盛田家族的希望和未来。

按照盛田家族的传统，当继承人接管家业时，必须更名为"久左卫门"。但在接管企业之前，继承人可以使用自己的名字。为了给盛田昭夫取名，父亲连夜拜访了一位学识渊博的汉学家。这位汉学家为他取名"昭"。"昭"意味着"进步的""不寻常的"，配上"盛田"，这个名字就是"繁盛的稻

田"的意思，象征着乐观和希望的一生。

盛田昭夫3岁那年，父亲开车经过一片稻田时，把他从车上扔了下来，问他："你叫什么名字？"

"盛田昭夫。"他小声地回答。

"你叫什么名字？"父亲对着儿子大声地问道。

"盛田昭夫！"他也不知道自己从哪里来的力气，大声地喊道。

父亲满意地笑了，蹲下来，把宝贝儿子抱在怀里，开始给他讲"盛田昭夫"的含意，还郑重地对儿子说："昭夫，你要记住，你是长子，你生下来就是社长，我们盛田家全都指望着你。"虽然3岁的盛田昭夫不能完全理解父亲的意思，但还是懵懵懂懂地知道自己肩负着很重要的责任和使命。然而谁也想不到，这位长子偏偏不听话，长大后放弃了唾手可得的家族企业，违背了父母的意愿，去从事和酿酒八竿子打不着的电器行业。

因为盛田昭夫从小就在父亲的教导下感受着与生俱来的使命感和责任感，他要比同龄人早熟，责任感也更强。后来，当索尼公司遭遇到经济危机时，有一位美国朋友劝他裁员，他对朋友说："公司经营得不好，并不能责怪员工不努力工作，而是我们决策人员和管理人员的疏忽，怎么能让为我们辛苦工作的员工去承受我们失职的后果呢？况且员工是企业的一员，赚钱时拼命拉拢员工，不赚钱时就把他们撵出去，这种事情我是做不出来的！"

正是这种对员工负责的责任感，才让员工与企业患难与共、同舟共济，也让索尼成为不断发展壮大的大家庭。

盛田昭夫的父亲从小就对盛田昭夫进行商业训练。盛田昭夫10岁的时候，别的小朋友放学后都会成群结伴地玩耍，他却被父亲带到小铃谷公司的事务所和酿酒厂。在工厂里，父亲带他走遍了各个角落，在参观的过程中，详细地讲解米酒的生产、加工过程。他从小就知道，只有味道好的米酒，大家才喜欢购买，而想要制造出比别人家更好的产品，生产的每一个环节都要小心翼翼，绝不能有半点马虎，否则就败坏了"子日松"牌米酒300多年的信誉。正因为从小就知道这些道理，所以他告诉索尼的员工，无论是开发新产品还是生产已有的产品，都要认真负责、精益求精，细节决定成败。正是盛田昭夫的这种理念，才使索尼成为全球最受消费者信赖的品牌之一。

父亲有时把下属请到家里来谈工作，这时候，他也会把盛田昭夫叫到身边来。当时盛田昭夫还是个孩子，根本不懂大人们在谈论些什么，但是看到平时不苟言笑的父亲，在下属面前却像变了一个人似的，非常和蔼。当他好奇地问父亲时，父亲说："员工们心甘情愿地为你、为公司工作，不是因为你多么严厉或者多么聪明，而是你尊重他、对他好，这样他们才会发自内心地追随你，才能为公司做出更大的贡献。"父亲还说："以后你当了社长也要记住，不要因为自己是社长就高高在

上，可以对员工们为所欲为，想干什么就干什么。要清楚自己决定要做的事情，也要搞清楚别人要做的事情，并对此担负起全部的责任。发生问题时，绝不能一味地指责别人，把责任推到别人身上。应该尽量地鼓励员工，让企业和员工在经营中共同获利。"父亲的一席话，让盛田昭夫明白要想企业成功，就必须亲切地对待员工。

二战结束后，盛田昭夫在小铃谷村呆了一阵子，那时他经常和员工们一起喝酒、聊天，员工们都十分喜欢他。在索尼的年终会上，他也会和员工们一起喝酒、唱歌、做游戏。尽管事务缠身，他仍然会抽出时间，去各地的分店考察。看着他亲切的笑容，所有人都觉得如沐春风，工作起来更加卖力气了。

在美国，公司首脑和职员一起吃饭简直是天方夜谭，但是在盛田昭夫的带领下，人们经常能见到美国索尼公司的高层管理人员和普通职员们共进午餐的场面，这让那些美国人觉得很不可思议。因此，在索尼内部，人们常用"索尼家族"这个词称呼自己的公司，而盛田昭夫也经常对他的员工们说："索尼是一个家族，没有经营者和劳动者之分。"这种理念，对于索尼的团结起了很大的作用。

在盛田昭夫上中学的时候，父亲开始带着他出席股东大会。因为是非常正式的场合，他必须纹丝不动地坐在父亲身边。虽然内容枯燥无聊，他却不敢有丝毫的懈怠。因为在散会后，父亲还会要求他把听到的内容原原本本地复述一遍，要是他能完整地重述一遍，父亲就会十分高兴。为了赢得父亲的赞赏，盛田昭夫锻炼了超常的记忆力，这对他以后学习新知识和经营繁杂的事业都起到了很重要的作用。

父亲还经常带着他去别的公司拜访，也会让他帮自己接待到家里拜访的客人，以锻炼他待人接物的处事能力，学习更多教科书上找不到的知识。丰富的阅历使他小小年纪就大方得体，见到任何人都不怯场。日后就算见了日本天皇、美国总统这样重量级的大人物，他也能轻松自如地和对方交谈。

每年年底，公司都要进行库存盘点，这时父亲就会带着盛田昭夫亲自到工厂走一趟，一件一件地清点货物。清点的过程十分辛苦，盛田昭夫向父亲抱怨起来："公司里的员工那么多，让他们清点不就好了，就我们两个人，要干到什么时候呀？"

父亲没有回答他，反而问他："你知道爸爸为什么没有念完大学吗？"盛田昭夫摇摇头。

"你的爷爷非常喜欢艺术品，为了有更多的时间和精力去投资艺术品，就雇佣了一个经理来管理公司。你想想，这位经理会把我们家的公司当作他自己的公司一样来用心经营吗？"

"当然不会！"

"所以公司的情况越来越糟糕，最后爷爷只好把还在读大学的我叫回来，接管公司。孩子，你要知道，做生意本来就是非常辛苦的事情，要想成功，绝不能把公司交给别人经营。"

"所以，我们家的米酒和酱油都自己卖吗？"

儿子能举一反三，父亲满意地点点头，"是啊，如果我们制造出来的东西，交给别人卖，卖得好，人家就愿意帮我们卖，卖得不好，就不会再帮我们卖了。虽然，我们自己卖得要少一些，但是却更加认真，因为这都是我们自己的东西，只有这样脚踏实地，才能经营好公司啊！"

长大后的盛田昭夫，深深地记住了父亲的这番话。成立索尼公司后，他所采用的管理方式和经营方式，也借鉴了祖父与父亲的经验与教训。索尼成立后，盛田昭夫第一次去美国开发市场，打头阵的不是推销员，也不是营业部长，而是企业的第一负责人——盛田昭夫本人。

尽管盛田昭夫同保守的父亲经常发生分歧，甚至争执，但是父亲的言传身教还是让他受益匪浅。他自己也承认："早年父亲对我的培育，让我知道，作为企业负责人必须有耐心，并且要善待员工。既不能太自私，也不能存心地找别人麻烦。更重要的是，父亲有一颗'实业心'，他非常谨慎、细心、兢兢业业，这种脚踏实地的实业精神对我影响很大。"父亲对盛田昭夫的教育，不仅影响了他的一生，也对索尼的发展起了十分重要的作用。

第三节 留声机里的秘密

> 全世界的母亲多么的相像！她们的心始终一样。每一个母亲都有一颗极为纯真的赤子之心。
>
> ——惠特曼

如果说严谨的父亲对盛田昭夫的商业训练为他日后的成功奠定了基础，那么热爱音乐的母亲则开启了他对电器的梦想。

盛田昭夫的母亲周子是位温柔贤惠的传统女性，但是绝不是平庸的家庭妇女。周子对于子女的教育有着自己的见解。她认为，孩子应该有简单快乐的童年，拔苗助长对孩子没什么好处，等孩子长大懂事后，自然会选择自己喜欢并且适合自己的道路。所以她从不像别的家长那样逼自己的孩子学习枯燥的知识，也不会自作主张地给孩子报各种补习班。虽然盛田昭夫是命定的家族继承人，但是他的童年却十分轻松、自由，只要他感兴趣的事情，母亲都会全力支持他。虽然盛田昭夫已经有了一间有书桌的单独的房间，但当他想要做实验时，母亲还是为他提供了另一张书桌作为他专用的工作台；为了让盛田昭夫

和创造世界名牌的人

一起放飞梦想

感受到现代化的气息，她还特意为他买了一张床，使他不用像其他人那样睡在铺着被褥的榻榻米上。母亲的开明和慈爱赢得了盛田昭夫深深的信任和依赖，每当他遇到问题或者需要建议时，总是求助于母亲。因此母亲对他人生的各个方面都产生了或多或少的影响。不过，最大的影响还是母亲在音乐上对他的熏陶。

盛田昭夫出生时，公司在父亲的苦心经营下逐渐步入正轨，日渐好转。为了让家人有更好的居住环境，也为了进一步扩大公司规模，父亲把家搬到了名古屋。当时，经常有音乐家到名古屋举办音乐会。只要一有演出，母亲就会带着小昭夫去听，久而久之，小昭夫和母亲一样，变成了古典音乐迷。

当时盛田家有个邻居叫三木君，就读于第一高等学校。母亲听说第一高等学校的学生大多数都精通古典音乐，就请三木君当盛田昭夫的家庭音乐教师。盛田昭夫的母亲也经常问三木君，什么曲子比较好听。只要是三木君介绍的曲子，母亲马上就会把唱片买回家，用留声机放出来给大家听。

当时，留声机的技术还很落后，播放出来的音乐总是夹杂着难听的噪音，盛田昭夫的母亲为此非常苦恼。

有一次，她抱怨噪音时，三木君说："这可能是留声机的问题。我听说有的留声机的音质很好，噪音也很小，只是价格有点贵。"

"那是什么牌子呢？只要噪音小点，能让我听到好听的音乐，花多少钱，我都愿意买。"

"好像是维克托拉牌的RCA型，据说是进口的电动留声机。"

当时留声机刚刚传入日本，维克托拉牌的新式留声机要花600日元。这在当时可不是一笔小数目，相当于大学毕业生半年的工资，而买一辆小汽车也只要1500日元。所以三木君也只是随口说说，根本没想到盛田夫人真的会去买。

当天晚上，盛田先生回来，听到夫人提起留声机的事情，陷入了沉思。虽然新的留声机很昂贵，可是妻子不听音乐比挨饿还难受，儿子要是一直听着有噪音的音乐，耳朵也就只会听到糟糕的音乐，根本培养不了对音乐的鉴赏力。为了妻子和儿子，盛田先生第二天就拜托朋友买了一台最新的维克托拉牌留声机。

看到新买的留声机，三木君惊讶地张大了嘴巴，而盛田昭夫比他更加惊讶。不过，三木君惊讶的是盛田家居然舍得花那么多钱买留声机，而盛田昭夫则惊讶于从留声机里流淌出来的美妙音乐。

新的留声机播放的第一张唱片是《波莱罗》，是法国作曲家拉威尔的管弦乐。虽然之前听过许多遍《波莱罗》，但从新的留声机中，盛田昭夫第一次清楚地听到了清晰纯净没有一丝杂音的管弦乐。他把家里所有的唱片都翻了出来，用新的留声机一遍又一遍地播放。一开始他沉浸在美妙的音乐中，后来他

则被这台神奇的机器迷住了。

为什么原来发出"嘶嘶""吱吱"的杂音的唱片,放在新的机器上,就变得如此清楚了呢?原来的"嘶嘶"声跑去哪里了呢?既然唱片还是原来的唱片,那么就是留声机的作用。新的留声机和原来那台都是维克托拉牌的,而且样子都差不多,那么到底是什么东西,把原来带噪音的唱片变成了如此美妙的音乐呢?留声机里到底有什么秘密呢?以前听贝多芬的《第九交响曲》时,盛田昭夫兴奋得手舞足蹈,还会跟着哼哼,现在他却完全陷入了沉思。

他瞒着爸爸妈妈,偷偷地把老维克托拉留声机拆开了好几次,但还是不明白其中的原因。他常常想:"要是家里的新留声机不那么贵就好了!那样,我就能把两台机器拆开对比一下,也许还能把老机器修得跟新机器一样好。可是万一我拆开却装不上,爸爸妈妈肯定会生气的。还是算了吧……不过,等我长大后,一定要自己造一个一模一样的留声机!不,要做一个更好的机器,不仅能放唱片,甚至还能录下我自己的声音!等着瞧吧!"

虽然年幼的盛田昭夫还没有能力一探究竟,但是他对音乐的痴迷、对留声机的困惑,以及制造更加完美的留声机的梦想,就像一粒种子埋在他的心里,最后生根、发芽,长成参天大树。学生时代,他痴迷于物理学;战后,他与井深大研究磁带录音机;CBS唱片公司提出合资,正中他下怀;索尼率先开发出摄像机和镭射唱机等。当我们追溯盛田昭夫的一生，回顾索尼的历史，就会发现，他们的追求十分单纯，那就是更加逼真、更加美妙的"声音"而已。也许，父母能给予孩子最宝贵的财富，不是无忧的生活，不是房子、车子或者百万存款，而是一个值得孩子追求一生的梦想。

第四节　偏科的差生

学问必须合乎自己的兴趣，方才可以得益。

——莎士比亚

当时，盛田昭夫有一个亲戚是工程师。有一次，他听父亲说，这位亲戚自己动手做了一台收音机，就马上去亲戚家拜访。那位亲戚没想到，盛田昭夫小小年纪就愿意研究如此高深的电器，十分喜欢他。这位亲戚在榻榻米上，无比自豪地展示着自己的作品——用电线把一个又一个的电器零件组合起来的收音机。他一边展览，还一边给小昭夫讲解其中的原理。可惜当时小昭夫还是个中学生，根本听不懂亲戚在讲什么。但是这个原始而简陋的收音机，还是深深地打动了他。他想，原来不是只有工厂才能制造出留声机，普通人也可以，那么，我也一

和创造世界名牌的人

一起放飞梦想

Let the dream fly

定能自己组装出收音机来。

在当时的日本，有很多人和盛田昭夫一样，尝试着自己动手组装收音机。所以很多报纸、杂志为了迎合大家的兴趣，也开辟专栏向读者讲解这方面的知识，比如组装收音机的配线图、零件的种类以及装配的顺序和方法等。当时母亲每周都会给盛田昭夫一些零用钱，别人都用零用钱买零食，盛田昭夫却不舍得买零食，他把钱攒下来，买这些杂志和书籍，还订购了许多刊登有关收音机的最新技术的国外杂志。放学回到家，他放下书包的第一件事情，就是跑到自己的房间，拿着一本《无线电与实验》的杂志，按照上面的配线图组装电器零件。

虽然一次又一次地失败了，盛田昭夫却乐此不疲，因为他相信，只要自己不放弃，一定能实现自己的梦想。有志者，事竟成。盛田昭夫不断地接触电器方面的最新科技，不断地试验各种零件，不断地尝试各种组装方式，经过无数次的努力，他终于成功地制造出一台粗糙的电动留声机和一只无线电接收器，还用这台机器录下了自己的声音。听到自己的声音从自己组装的机器里传出来，盛田昭夫兴奋得手舞足蹈、雀跃不已，这个小小的成功，成了他一生的追求。从索尼最初的磁带录音机，到晶体管收音机，再到风靡全球的随身听，都是他梦想的延续。可见，敢于坚持梦想的人最终才会成功。

人们常说，兴趣是最好的老师。在组装电器方面，盛田昭夫废寝忘食，不知疲倦，然而他对学校传授的知识却感到十分无聊，提不起兴趣。数学、物理、化学方面还说得过去，尤其是和电器相关的物理，他还是班上的佼佼者。但是在国文、历史、地理这些科目的课上，他总是昏昏欲睡，甚至到了不及格的地步。

当时盛田昭夫的班级按照成绩排座位。成绩好的坐在后面，而成绩差的坐在前面。由于偏科严重，盛田昭夫总是和成绩倒数的学生坐在第一排，一举一动都被老师监视着。老师因为他不爱学习的事情非常伤脑筋，母亲也经常被学校找去谈话。而父亲看到未来的接班人不但考试不及格，还整天像着魔了一样研究收音机，既敢到丢脸又十分生气。父亲把盛田昭夫屋子里所有关于收音机的报纸、杂志和电器零件全都藏了起来，还警告他说："下次考试你要是有一科不及格，就把这些东西全部烧掉。"面对严厉的父亲，盛田昭夫只好乖乖地学习。不过一等到成绩稍微有些起色，他就又回头去摆弄那些收音机，父母拿他一点办法也没有。

谁又能想到，过了一段时间后，沉迷于收音机的盛田昭夫竟然主动把精力转移到了课堂上。当时日本国内拥有电动留声机的人不多，而且留声机也是用铁针播放劣质唱片，不仅音响效果差，唱片也容易磨损。有一天，盛田昭夫在《无线电与实验》杂志上看到了一篇有关磁性录音机的报道，他被深深地吸引住了。杂志上报道东北大学的永井博士研究出一台用金属钢丝线圈支撑的录音机。盛田昭夫在他的启发下，开始着手研究钢丝录音机。他花了一年左右的时间，一次又一次地设计和制作录音头，却屡试屡败。他想："是不是录音头的缝隙太大，所以声音从线圈经过录音头转换为电子讯号后就散掉了，以至于传出来的声音才模糊不清呢？"就这样他反复地给自己提出疑问，再一遍遍不厌其烦地做实验，但最终也没能找到问题的答案。

虽然对磁性录音机的研制并没有成功，但盛田昭夫并没有放弃努力，反而激起了昂扬的斗志。他认为，是自己掌握的知识太少了，所以才无法制造出高级的磁性录音机，而要想掌握更多的知识，就必须考入更好的学校。当时第八高校的科学系非常有名，所以盛田昭夫决定报考那里。当他对父母和老师提出想要报考第八高校的科学系时，所有人都大吃一惊，因为他的成绩离分数线差得实在太远了。不过，父母都十分支持他的决定，所以为他请了家庭教师补习英语、高等数学、国文等课程。自从定下了考入第八高校科学系这个目标后，盛田昭夫就废寝忘食地学习，除了做功课，什么都不做，他比以往任何时候都要刻苦。通过整整一年的有效学习，盛田昭夫终于如愿以偿地成为第八高校科学系的学生。

盛田昭夫的这段人生经历告诉我们，按照自己的兴趣去追寻理想、探究世界，生活才能有动力，但是如果想把理想变成现实，获得更大的成功，就要踏踏实实地学习知识，这样才能为自己的人生打下坚实的基础。

第五节　战争的漩涡

战争满足了或曾经满足过人的好斗的本能，但它同时还满足了人对掠夺、破坏以及残酷的纪律和专制力的欲望。

——查·埃利奥特

第八高校的学习并不轻松，有些科目，比如生物学、矿物学之类的对盛田昭夫来说还是有些无聊。不过，等到三年级时，学生可以选择主修科目，盛田昭夫毫不犹豫地选择了物理。

儿子选修与酿酒完全不相关的物理专业，父亲虽然失望，但仍然尊重儿子的选择。后来盛田昭夫放弃家业，和井深大创立公司，父亲虽然也很失望，但还是给予他资金和人员上的支持。父亲的理解与支持，也许是上天赐给盛田昭夫最大的礼物。如果父亲对待盛田昭夫如同一颗棋子，让儿子放弃自己的爱好，接受父亲的安排，也许盛田昭夫只能成为一个普普通通的酿酒商，那么也就不会有日后举世闻名的索尼了。

因为兴趣所在，盛田昭夫的物理成绩一直名列前茅，老师

非常喜欢他并把他推荐到大阪帝国大学的浅田教授那里。盛田昭夫非常喜欢亲切而风趣的浅田教授，也非常喜欢大阪帝国大学轻松自由的学习氛围，更喜欢学校的实验室，因为那里有日本最先进的实验设备。只要有空闲时间，盛田昭夫就跑去实验室，摆弄那些实验设备，帮老师记录实验数据。

盛田昭夫一直沉浸在物理研究中，不问世事的他根本没有意识到周遭发生了怎样的变化。当时的日本正在打着"大东亚共荣圈"的旗号，谋划着战争。高校的很多学生，也变成了战争狂热分子。即使是单纯地想研究物理的盛田昭夫，也不可避免地卷入了战争的漩涡。

当时，浅田教授的实验室被迫要为海军研究设备，作为助手的盛田昭夫也或多或少地了解了军方的消息。他为了能了解新闻，还做了一个小闹钟，接在收音机上，每天早上6点，收音机都会把他叫醒。

1941年12月8日凌晨6点，盛田昭夫被闹钟叫醒了。听到了收音机里日本袭击珍珠港的消息，他大吃一惊。虽然全国上下都在为日本的胜利欢呼，但盛田昭夫却高兴不起来。他知道，一个国家的强弱，跟经济和科技密不可分，而日本目前的科技水平与美国相比，还有非常大的差距。这样公然挑衅美国，无异于玩火自焚。

关于战争的一些想法，盛田昭夫也只是在心里想想而已，根本不敢表达出来。因为当时的日本军方用各种方式来统治民众。有位学校校长在念天皇诏令的时候念错了字，军方就要求他自杀谢罪。那些反抗战争的人，不仅会被送到集中营关押，还会被送去做最低贱的工作。为了赢得战争的胜利，国内的青少年，被源源不断地送到战场，大学生甚至中学生也一批接一批地走上前线。

虽然当时盛田昭夫还没毕业，也没接到入伍通知，但是他知道，他不可能逃离战争，更别提正常毕业了。他的人生必将会被战争改变，或许会像许多朋友那样奔赴沙场一去不回，再也不能完成自己的梦想。想到这，他不免有些难过。

在协助浅田教授进行实验的过程中，盛田昭夫认识了几位横须贺航空科技中心的海军军官。一位热心的海军军官看他经常因为毕业和参军而苦恼，对他说："现在海军非常需要技术人员，即使是还没毕业的大学生，也非常受重用。听说物理系的毕业生如果能够通过考试，就可以申请服短期的兵役，然后成为技术军官，这样就不用去前线了。你为什么不申请试试呢？相信以你的实力，一定能够通过考试。"

盛田昭夫想，这样虽然比盲目地从军要明智一些，但是也有可能在短期服役的过程中被派到作战区，不仅可能会为狂热的好战分子断送性命，还可能被迫中止学术研究，那自己留声机的梦想也会破灭。

在盛田昭夫为此而苦恼时，另一位海军上尉给他带来了令人振奋的好消息。大二以上的学生可以自愿登记，向海军申

请到大学的实验室里进行研究工作。如果获得军方的批准，不仅可以获得终身的海军官职，还能够一直领取国家奖学金继续学业，毕业后接受完海军安排的基础训练，还可以分配到研究所，不用奔赴战场。盛田对官职并没有多大兴趣，更不想一辈子呆在部队里，但想到可以继续自己的研究工作，就选择了这种"终身服役"的方式。

1945年1月，盛田昭夫被分到横须贺的航空科技研究中心，他本以为可以进入实验室，但第一天长官就把他送到了工厂的车间，同工人们一起干活。他每天天不亮就起床，拿着一把锉刀，跟奴隶一样磨零件。干了几天后，从小衣来伸手饭来张口的盛田昭夫，觉得自己快要被那把锉刀折磨疯了。让他发疯的不是手上磨出的血泡，不是日复一日的机械劳动，而是担心自己再也回不到实验室，再也没有机会实现自己的理想了。

盛田昭夫常常想："如果不打仗，自己现在还在学校跟着老师做实验，也许过不了多久就能做出磁性收音机或者更先进的东西。可是现在，除了磨零件，还是磨零件，不知道什么时候才能回到实验室。如果像我这样的大学生甚至中学生都被派到工厂里，从事着和工人们一样的工作，我们能赢得胜利吗？战争的胜利一定属于实力强大的国家，但国家的强大并不在于土地和国民的数量，而在于经济和科技发展的水平。现在的日本同美国相比，各个方面都很落后，胜利的可能性微乎其微。况且，因为战争的缘故，现在的日本已经到处都是废墟，就

算赢得了胜利又能怎样呢？最后的结果，也不过是两败俱伤而已。"他常常祈祷战争早点结束，祈祷自己能回到实验室继续自己的研究。

盛田昭夫没有像周围的军官、学生、工人一样，染上战争的狂热，相反地，他一直保持着冷静和理智。他非常清醒地预感到日本的失败，这种预感，不是因为厌恶战争，不是害怕战争，也不是不爱国，而是他清醒地知道，使国家富强的并不是战争，而是让国家强大的实力。如果没有这份理智，也许他就会像其他人一样，奋不顾身地投入战争。

幸运的是，盛田昭夫在工厂里做了几个月的苦工后，就被调到了他熟悉并热爱的实验室里。实验室里有军官，也有从摄影学校毕业的工人。盛田昭夫是实验室里唯一学过物理的大学生，所以一碰上技术上的难题，实验室的人就只能指望他了。但他也只是个没毕业的大学生，以前只是教授的助手，从来没有独立研究过，想到这么多人都指望着他，他也只好试试看。

盛田昭夫认为，要想完成实验，必须有大量的资料，而目前只有东京物理研究院图书馆的资料最全。他灵机一动，扮成是海军委派的人，打电话给东京物理研究院的教授，希望教授允许他使用研究院的图书馆。没想到，教授不仅答应了他的请求，还答应全力协助他的研究工作。

那段时间，盛田昭夫平时在研究院里研究资料，周末回到研究所和同事一起探讨。虽然忙忙碌碌，他却神采奕奕。一进

入实验室，他就浑身充满了力气，常常不眠不休地呆在实验室里。

但是研究所的设备太简陋，所以他要求调到浅田教授的实验室里，完成实验。此外，他还可以把实验报告当作自己的毕业论文，可谓一举两得。可是海军不会轻易批准研究员外出，为了获得批准，盛田昭夫对长官说："请不要担心出差费和伙食费，我自己会负担。教授那里的实验设备比这里更先进，相信在他的指导下，我能更快更好地完成研究工作。所以，拜托您，批准我的请求吧！"长官听了他的话，批准了他的请求。这样他一边跟着浅田教授学习，一边按照自己喜欢的进度做研究。不仅完成了研究，毕业论文也顺利地完成了。

从借用图书资料到说服长官，盛田昭夫充分发挥了他说服他人的"艺术"。这种艺术，不仅帮助他在战争中生存了下来，而且还顺利地实现了他的梦想。日后在他说服父亲投资公司时，说服股东收购CBS唱片公司时，所依靠的也正是这种艺术。也正是这种艺术，不仅使他在战争的漩涡中惬意地生活，也帮助索尼在激烈的国际竞争中立于不败之地。

因为战争，盛田昭夫更加清楚技术的力量。战后他一直关注最新的科技动态，这样才能让索尼在磁带录音机和晶体管上领先一步，才能利用技术占领海外市场，才能成就国际化的索尼，才能让世界因索尼而了解日本。

第六节　遇见井深大

> 自己先做一个好人，然后找和你相仿的
> 人做你的朋友。能如此，友谊才能稳固地成
> 长。
>
> ——西塞罗

毕业之后，盛田昭夫成了海军军官，被送到距离名古屋不远的基地，接受为期4个月的基础训练课程。之后，他被授予海军中尉的官职，然后被派回横须贺的光学研究室。不久后，又被派到镰仓南方一个叫逗子的小镇，协助撤退到当地的特别单位，参与热力追踪和夜间射击视力的研究。

在逗子镇，他们在一幢破旧的别墅里工作，盛田昭夫除了参与研究外，还要负责勤务官的工作，负责处理好日常琐事，包括供应团体伙食等。由于食物短缺，吃饭成了研究所里的大难题。有一天，他想到家里的工厂正在替军队生产，灵机一动，想出个好办法。他写信给家里，让父母寄一桶酱油和味噌酱过来，上面标明"海军特供"的字样，这样就不会遭到军队怀疑。他用家里寄来的酱油和味噌酱与当地鱼铺和肉铺的老板

换食物来吃。虽然这种行为违反军队的规定，但在这种非常时期，上司不仅没有处罚他，反而夸奖他能干。

盛田昭夫和同事们相处得很融洽，他的能力也很突出，上级很器重他，让他担任研究小组的负责人。这个小组成员不仅有海军和陆军的人员，还有热衷于研究的民间团体。其中一位来自民间的同事特别聪明能干，他就是盛田昭夫一生的挚友——井深大。

井深大比盛田昭夫大13岁，他和盛田昭夫一样，是一位"技术迷"，爱发明，爱钻研技术。井深大开朗直爽，非常富有人格魅力，交友广阔。当时，他担任"日本测量仪器公司"常务，因为在陆海军技术研究所有许多朋友，所以也帮助军队研究各种机械。他研制成功了许多产品，还被确定为研制小组的主要成员，经常要出席在陆海军技术研究所倡导下成立的军政民联合科技委员的例会。

第一次军政民联合科技委员会例会在东京会馆举行。就在这次会议上，盛田昭夫和井深大一见如故，相见恨晚。后来，他们一起创业、奋斗，共同开发了一个又一个改变世界的产品，携手成就了索尼的辉煌。

在这次会议上，盛田昭夫刚刚担任海军技术中尉，作为海军方面的负责人，他也是第一次出席如此重要的会议。当时，他只不过还是个刚刚毕业的物理系学生，而其他成员都是资深的军官，还有许多研究领域的著名专家。开会时，这些教

授或者军官都隔着会议桌问盛田昭夫："海军对这点是怎么看的？"

盛田昭夫也只好硬着头皮回答："海军的看法是……"

回答完问题，盛田昭夫心想，多亏父亲从小就经常带着自己开会，否则还真是应付不来呢。

委员会里，盛田昭夫是最年轻的，阅历丰富的井深大看见他时，心里还在嘀咕："这么个毛头小子，居然是海军方面的负责人？海军难道没人了吗？"但是听完盛田昭夫回答完问题，他完全改变了看法。这个不起眼的年轻人，回答问题时虽然有些拘谨，但还是非常有主见的，思路敏捷，头脑灵活，回答提问时井井有条，逻辑清楚。他想："我在他这么年轻的时候，可是远远比不上他。这个年轻人，一定前途无量啊！"而盛田昭夫对井深大早有耳闻，会上井深大的人品，以及作为技术专家的渊博学识，还有他的成功发明，都让盛田昭夫感到由衷地敬佩。

两个人一见面就很投缘，会议休息时经常在一起聊天。井深大属于独创性的科学家，喜欢独立思考，而且行动力也强。井深大对于自己喜欢的事情，都会全力以赴、乐此不疲，而对于不感兴趣的事情，则不屑一顾。他在念大学时，有的科目出类拔萃，有的科目却常常不及格。他谈起这些时，盛田昭夫也笑着说自己在学校读书时的情形，跟他简直一模一样。更让两个人惺惺相惜的是，彼此都非常喜欢音乐，也都对录音的工作

十分感兴趣。这样两个志同道合的人，成为好朋友和好伙伴，是再自然不过的事情了。

当时井深大偷偷地用政府禁止的短波收音机，收听美军方面的广播，也和政府里面的人有来往，所以他能够得知战局的发展。

井深大对盛田昭夫说："日本的战败是迟早的事情。无论我们怎样挣扎，这场战争也是打不赢的。"英雄所见略同，对日本的战败，盛田也早有预感，只是没有说出来而已。

听到井深大这么说，他也点点头。"如果战败，不知道日本会面临着什么。毁灭，还是重生？"

看到这个愁眉苦脸的小伙子，井深大拍拍他的肩膀，笑着说："朋友，别担心，咱们这么年轻，又这么有能力，一定会有一番作为的。我早就想好了，等到战争一结束，我就要自己办一家公司，研发电器，你也和我一起干吧！"

看到井深大胜券在握的样子，盛田昭夫也被他的乐观情绪感染了，重重地点了点头。

虽然盛田昭夫和井深大已经预感到了日本会战败，但哀鸿遍野、疮痍满目的日本，还在战争中垂死挣扎。

1945年8月6日，两架B-29轰炸机出现在广岛上空，用降落伞投下了人类历史上第一颗原子弹。一团蘑菇云从广岛升起，整个城市瞬间灰飞烟灭，整个日本也陷入了一片恐慌。

消息传来时，盛田昭夫正在和同事们吃午饭，虽然报道上只说"是一种带有刺眼强光的新武器",但精通物理的盛田昭夫知道,这是一颗原子弹。虽然他对原子弹的事情也算有所了解,也知道日本的科技水平同美国相比有一定的差距,但他一直以为以现在的科技水平,要想研制出原子弹,至少还需要20年的时间。没想到,美国的科技已经如此先进,而日本根本无法在短时间内制造出任何新的武器去防御或者反攻,也就是说,战败已成定局。

午餐桌上摆着米饭,这在物资紧缺的战争年代,可是奢侈品,但盛田昭夫却食欲全无。他对同事们说:"我们放弃研究计划吧!如果美国已经先进到能够制造出原子弹,那么只能说明,我们的科技水平比起美国落后太多了,根本无法赶得上。"尽管他压低声音,还是被长官听到了,冲他一顿怒吼。

不久后,盛田昭夫接到命令去名古屋办公,当时他的家人都住在名古屋,他向长官请了一天假,去看望父母。临走前他还想,也许在他不在的时候,战争就结束了,海军也许会要求军人们集体剖腹自杀,那样的话,他就不回去执行命令,哪怕背上临阵脱逃的罪名,也不会回去。不过,话说回来,如果战争结束,也许临阵脱逃的罪名就不成立了。

当时的日本到处都是废墟,许多人在炮火中无家可归。处理完公务,盛田昭夫立刻赶回在小铃谷村的老家。1945年8月14日,他终于和家人团聚,直到深夜才结束谈话各自休息。有意思的是,本来由于长期奔波和神经紧张,盛田昭夫患上了失

眠症，但在家里，他却疲倦地睡着了。看来，对任何人来说，家都是避风的港湾，既温馨又有安全感。

1945年8月15日12时，裕仁天皇在广播里宣布，战争结束了！一身戎装的盛田昭夫，真想大声喊："谢天谢地，终于结束了。"

战争结束了，但军人的天职却并没有结束。盛田昭夫想到单位里的同事，那些高中生，那些女孩子，对母亲说："无论发生什么事，我都必须回去。"之前，说不会回去的他，还是风雨兼程地赶回基地，义无反顾地承担起自己的责任。他变卖了基地的家具和实验仪器，换了车票，送下属回家。有两个男孩子无家可归，盛田昭夫就委托母亲照顾他们。

把下属送回家并安置妥当，盛田昭夫却不得不原地等待上级的通知，等待未知的命运。

盛田昭夫偶尔会用望远镜眺望远方。美军战舰一艘接一艘地进入港湾，让人不安。但美国士兵却很是亲切，仿佛并无恶意。

这种乐观的景象，让盛田昭夫想起了井深大的战后计划，想起了神秘的留声机，想起了深埋心底的儿时的梦想。

SONY

第二章　磁带录音机

SONY

第一节 失败的电饭锅

什么叫作失败？失败是到达较佳境地的第一步。

——菲里浦斯

战争结束了，灾难却在延续。日本的交通已经瘫痪了，疾病也开始蔓延，到处都是令人悲痛的景象。但即使这样，战争的结束对大多数人来说，仍是一种解脱，盛田昭夫也不例外。能在战争中死里逃生，他已经觉得非常幸运了。

盛田昭夫接到命令返回家中，发现家人都安然无恙，尤其是和他一样参军的弟弟们也都平安归来，这让盛田昭夫十分高兴。更幸运的是，战争期间家里的工厂不仅没停工，还因为生产军需物资的缘故，发了一笔"战争财"。

与家人团聚几天后，一家人开始探讨未来的前途，尤其是作为长子的盛田昭夫的前途。父亲人到中年，但精力充沛，完全有能力管理公司，但非常希望盛田昭夫能到公司里帮助自己。

盛田昭夫考虑之后，拒绝了父亲的安排。"爸爸，我虽然是继承人，但现在就呆在公司并不合适。您还年轻，身边有足够多的经理和员工能帮助您管理好公司，如果我现在就去公司指手画脚，恐怕对您和我自己都不太好。况且，我才24岁，将来有足够的时间去公司学习。我也想在外面多锻炼一段时间，变得成熟点，这样对公司以后的经营也有帮助。"父亲十分赞同盛田昭夫的想法，就不再提让他进公司的事情。其实在盛田昭夫内心，一直对儿时的梦想念念不忘，根本不甘心就这么放弃，他总觉得自己还有机会。

在家里呆了几个星期后，盛田收到高中老师服部教授的来信。服部教授已经转到东京技术学院物理系，想到有很多因为战争而中断学业、被迫参军的学生，服部教授想为他们成立一所学校，帮助他们完成学业，想聘请盛田昭夫作为物理老师。

盛田昭夫觉得这是一个千载难逢的好机会。一方面，他可以继续留在物理学的领域，学习更多的知识；另一方面，他也能住在东京，寻找更加适合自己的工作机会。他接受了这份教书工作，更让他高兴的是，与此同时，他同才华横溢的井深大重新取得了联系。

战后一个星期，井深大在东京的朋友们苦口婆心地劝他留在东京发展，为了留住他，朋友们还集资了1万日元给他做启动资金。有一位朋友，愿意把自己的一家店面"白木屋"给他做办事处。井深大被朋友的热情感动了，也非常高兴能在东京找到落脚的地方。他回去后，就带着7名员工来到东京，在白木屋门口挂上"东京通讯研究所"的小招牌。

招牌挂上了，但公司到底该干什么却是个大问题。井深大认为，日本的失败在于科技的落后，从现在起，只有用科技才能重建国家。公司也是这样，如果不在技术上占优势，就永远无法真正成功。因此，就算利润少，也不能放弃自己的技术特长。他想来想去，决定利用自己的特长，制造无线电短波接收机，这在当时可是比较先进的东西，因此许多报纸都对此进行了报道。

1945年10月6日，盛田昭夫打开《朝日新闻》，看到井深大的名字，他惊讶地瞪大了眼睛。看到井深大制造无线电短波接收机的消息，他更是喜出望外。由于通讯不发达，战后失去了井深大的消息，盛田昭夫一直觉得遗憾，没想到井深大果然像当初说的那样，成立了自己的公司。这种敢想敢做的魄力，让盛田对他的敬佩又多了几分。

盛田马上写信给井深大，告诉他自己想去东京拜访他，并且保证尽全力帮助他。井深大非常高兴，便邀请盛田昭夫到自己的公司看一看。

盛田昭夫收到回信，马上动身去东京。他一安顿下来，就迫不及待地去白木屋参观井深大的公司。白木屋所处的位置，虽然曾经是东京的繁华区，但现在都被战火烧光了，周围都是垃圾和废弃物，凌乱不堪，看上去让人伤心。实验室里，除了一些材料、零件外，几乎一无所有。就在这样糟糕的环境下，井深大却依然热情洋溢、信心满满，员工们都专心致志、干劲十足。这种热情，感染了盛田昭夫。他相信，在如此艰难的困境中，依然能乐观向上的公司，前途必定是光明的。于是，他兴致勃勃地和井深大一起讨论公司的未来。

两个人探讨一番，都把目标锁定在了收音机上。战时军方禁止老百姓收听国际广播电台，战争结束后，这条禁令已经被完全解除。因此，想听国外新闻的人肯定会越来越多，所以收音机肯定能大卖特卖。

井深大是位非常有天分的工程师，他很快设计出一种短波改造装置，可以接到任何型号的收音机上。这种装置非常简单，只需要一个小木盒和由真空管组成的简单无线电路，但真空管却成了棘手的问题。战后物资短缺，真空管和收音机的零件都很难找到，战后的几家电器公司已经重新开张，根本不可能把零件转手给竞争者。黑市上有真空管出售，但价格却贵得离谱，根本买不起。他们只能到黑市上连哄带骗地弄回来几只。有了真空管，他们就有了底气。井深大拜托一位在《朝日新闻》工作的朋友在报纸上登些广告，招揽些生意。

自从《朝日新闻》报道了公司可以改装家用收音机的消息后，很多人都排队到白木屋的办事处，改装自己的收音机。产品十分畅销，盛田和井深大信心倍增，公司也渐渐有了名气。

虽然公司稍微有点起色，但改装收音机的利润极少，连员工的工资都发不下去。因为公司的财务困难，盛田昭夫一边在

公司兼职，一边教书，还要把每个月教书的工资补贴给公司，以便公司能正常运转下去。

盛田和井深大意识到，要想公司不倒闭，必须尽快赚到钱，而且越快越好。赚到钱才能给员工发工资，才能买来真空管，公司才能正常运转。到底什么产品，能又简单又赚钱呢？这可是公司的大难题。

当时的日本，每个人都在为吃饭而操心，所以大家研究决定，设计简单的自动断电的电饭锅。

当时黑市上卖一种简陋的烤面包机，这种面包机结构很简单：木桶边上装上通电设备，放入调好的面粉，就可以了。井深大想，既然能烤面包，就能做饭。所以，他们去买了100个木桶开始做实验。这个设计是在木桶的底部装上电极，借助水的导电性形成电路，使米加热，等米煮好了，水干了，导电性消失了，电路就自动切断了。

电饭锅的设想很好，但结果却不尽如人意。他们做了无数次实验，结果时好时坏。有时候能把饭煮熟，有时候饭还没熟就自动断电了。试了许多次，都没有成功。最后不得不放弃这个失败的电饭锅。

破屋偏遭连夜雨，漏船偏遇顶头风。投资设计电饭锅不仅没有赚钱，反而使公司亏损得越来越严重。

就在公司快破产时，公司里一位叫安田的工程师，设计了一个真空管电压计，算是公司第一个成功的商品，而且这件

产品完成后，就被邮局订购。不久之后，又取得了铁道部的订单。

有了订单，大家本应该高兴，但盛田和井深大却高兴不起来。要想完成订单，就需要资金买材料，而政府部门是不可能提前预支货款的。好不容易凑够了钱完成了订单，却没想到，挣的钱根本取不出来。铁道部把货款打到公司的银行账户里，而从1946年2月17日，日本政府开始推行"存款冻结"的政策。无论收入多高的人，每个月最多提款不能超过500元，超过500元的部分银行会当作存款冻结起来。这样，井深大以前的存款取不出来，赚的钱也取不出来，贷款就更别提了。真是山穷水尽了，连一向乐观的井深大也整日愁眉苦脸，他对盛田昭夫说："无论什么时候，个人企业在日本总是发展不起来的！"

听了井深大的抱怨，盛田昭夫也深有感触。公司要正常运转，必须有大量的流动资金。产品的设计、实验和生产都需要资金，而单靠个人的力量，根本筹集不了太多的钱。想到这，他突然灵机一动，想到个好主意。

盛田昭夫觉得，公司目前的问题，说白了就是钱的问题。如果公司改组成为股份公司，就可以找财力雄厚的股东筹集资金，钱的问题就可以解决了。公司发展得越好，能筹到的钱就会越多，而筹集的钱越多，公司的规模就会逐步扩大。这不仅能解决燃眉之急，更是公司的长久之计。

盛田昭夫找到井深大，对他说："现在公司财务陷入困境，以你一个人的力量，很难支撑起整个公司。如果你相信我的话，我们一起成立规模更大的新公司吧！那样的话，我的父亲会投资，我们也能以公司的名义找股东加盟，筹集到更多的资金，不仅可以渡过难关，公司也会有更好的发展。"

井深大其实早就想拉盛田昭夫入伙，但公司已经如此不景气，他张不开口。他万万没想到，在这种时候，盛田昭夫能主动提出来合伙经营，他既高兴又有些内疚。他说："我曾经也想到这个办法，而且也觉得要是成立新公司，没有你盛田君是万万不行的。可是经济如此不景气，公司又是这个样子，让你和我一起创业，实在过意不去。"

"千万别内疚。和你见第一面，就觉得很投缘。经历半年多的相处，让我更加相信，如果要找合作伙伴的话，非你莫属！相信我，我不是盲目的义气，而是深思熟虑之后才提出这个想法的。虽然我现在是老师，有着稳定的收入，但这并不是我想要的生活。我从小就非常喜欢留声机，总是梦想着自己能亲手制作出一台留声机。这个梦想，多年来一直没放弃过。您既有才华又有魄力，一定能帮助我实现我的梦想。虽然公司现在处境不好，但我相信，只要我们努力，一定会成为全国乃至全世界顶尖的企业。"

就这样，两个人一拍即合，决定成立新公司，这就是索尼的萌芽。

第二节 东京通信工业

> 要从容地着手去做一件事，但一旦开始，就要坚持到底。
>
> ——比阿斯

虽然盛田昭夫和井深大已经下定决心成立新公司，然而两个人都知道事情没有想象中那么简单。盛田昭夫的身份就是个大问题，一方面，盛田还是个大学老师，并不算自由人；另一方面，他还是家族的继承人。

不久后，盛田昭夫在《朝日新闻》上看到，政府决定清除学校里曾经是职业军人的教师。对于盛田昭夫的同事来说，相当于晴天霹雳，但对于他来说，却是再好不过的消息，他终于找到辞职的借口了。虽然校长和服部教授极力挽留他，但他却说："虽然正式的公文没下来，但大家都知道了这个消息。如果我一直留在学校，弄不好学校会受到处罚的。"校长也觉得有道理，就同意了他的请求。

教师身份的问题解决了，但盛田家族的继承人的身份却更为棘手。在日本，请别人的长子脱离自己的家庭是一件非常慎重的事情，必须得到对方父母的同意才行。井深大清楚地知道，把一个准备继承家业的长子"要过来"意义重大，他更害怕盛田昭夫的父亲不同意自己的请求，那新公司的计划就彻底破灭了。为了说服盛田昭夫的父亲，井深大还特地请了曾经的文部大臣前田先生和自己一起到盛田家里。他们不仅希望盛田的父亲允许盛田昭夫加盟公司，更希望实力雄厚的盛田先生能对新公司在资金上给些帮助。

见面寒暄之后，井深大和前田先生向盛田昭夫的父亲简单地介绍了新公司的情况以及未来的打算，然后委婉地说明了来意。井深大对盛田先生说："我知道您对盛田昭夫寄予了厚望，从小就把他当作继承人看待，也正是您的悉心栽培，他才能如此优秀。我想您和我一样清楚，您的儿子不仅对电器感兴趣，在这方面也有着常人难得的天分。我们的新公司，没有他是不行的！拜托您允许他加入我们的公司吧！"

盛田先生听到这番话皱起了眉头，三个人大气都不敢喘，紧张地等待着盛田先生的回答。盛田先生沉默半晌，说道："我一直希望他能够接替管理家里的公司。但是，如果我的儿子想利用他的长处和能力，在其他方面寻求发展，那么，就让他去做他最喜欢做的事情吧！家里的事情，就交给他的弟弟好了。"

所有人，包括盛田昭夫自己，谁也没有想到会如此顺利，大家都大大地松了一口气。盛田先生虽然非常希望儿子能继承家业，不过，从儿子选择物理专业开始，他就逐渐对此有了心理准备，所以并没有很吃惊。

父亲不仅没有反对儿子创业，还借给了盛田昭夫一笔钱，作为他的创业基金，又怕两个年轻人没有管理经验，还把盛田公司的老管家派了过来。后来，公司经常遇到财务危机，每当资金周转不灵，父亲就会借钱给他，他就用公司的股票还给父亲，父亲也是默默接受，从不多说什么，也不会催他们还债。虽然后来父亲成了公司的大股东，但在当时可是风险很大的投资。一旦盛田昭夫的公司破产，父亲的股票就会全部变成废纸，一文不值。即使这样，父亲也一直相信自己的儿子，而这种信赖也得到了回报。虽然盛田昭夫违背了他的意愿，但父亲通情达理，不仅没有横加阻拦，反而倾其全力帮助盛田昭夫。也正是有了这样的父亲，盛田昭夫才能成就一番伟业。盛田昭夫也说，如果没有父亲在创业之初的支持，就没有他和索尼的今天。

从小铃谷村回来后不久，盛田昭夫和井深大梦寐以求的理想变成了现实。1946年5月，他们筹集了19万日元，成立了"东京通讯工业公司"，也就是索尼的前身。因为在当时，要创立资本超过20万日元以上的公司，很难获得批准，所以公司注册资本并不多。公司通过公开招聘和朋友介绍，加上原来的员工和一些董事、常务、社长，公司上上下下加起来才36人，规模小得可怜。

1946年5月7日，在公司的典礼上，盛田昭夫和井深大说出了自己的梦想和公司的理念。他们激情澎湃地对职员们说："我们的公司，反对不正当的赚钱主义，我们要给技术人员提供一种安定而自由的工作环境，在这种环境中，他们能发挥自己的特长，能意识到自己的使命，能充分地体现自己的价值。我们的公司很小，竞争不过大公司，但我们可以在技术上下工夫，做那些大公司做不成、干不了的事情，用我们的技术重建我们的国家，改变人们的生活。这就是我们公司的理念，无论任何时候都不能改变。"

这番讲话，这种激情，成为了索尼奋斗的方向和经营的理念。无论遇到什么困境，盛田昭夫和井深大都不改初衷、矢志不渝、一往无前。也正是这种一往无前和不断创新的精神成就了索尼的今天。

第三节　危险的电热毯

耐心是一切聪明才智的基础。

——柏拉图

现实毕竟是残酷的，成功的道路不会因为他们的雄心壮

志就会一帆风顺。1946年8月，公司的大本营——白木屋重新装修，他们只能被迫搬到御殿山一幢荒废的破木屋里。屋子漏水，下雨的时候，他们不得不一边撑伞一边工作。院子里还挂着邻居家晾的尿布，亲戚和朋友们到这里看盛田昭夫的时候，还必须穿过这些尿布。看到他这么落魄，大家私下里都觉得他一定是疯了，不然怎么会放弃家族继承人的身份，跑到这种破地方受罪。

有人说他奇怪，有人劝他离开，但他却不为所动。他想，就算去当继承人，他也不会比现在快乐多少，因为那不是他的理想，不会给自己带来任何快乐。虽然坚持下去很难，但是对盛田昭夫来说，要放弃更难。

办公的地点虽然换了，但公司的资金问题依然让盛田昭夫焦头烂额。1946年的年底，公司已经捉襟见肘、入不敷出。连一向乐观的盛田昭夫都觉得走投无路了。

正在这时，日本开始发行彩券，如果中彩的话，一下子就有100万日元。盛田昭夫心想，要是有100万日元，公司所有的问题就迎刃而解了。所以他用仅剩的零钱，买了五张彩券，虽然希望渺茫，虽然自己都觉得可笑，但他还是打算试试看。

开奖那天是圣诞节，在日本剧院里抽奖。盛田昭夫不想回家，就在破旧的屋子里，围着一点热气都没有的火盆，哆哆嗦嗦地听收音机。他一边等，还一边幻想着，如果中奖的话，应该怎样分配这些钱。结果一出来，这些幻想全部破灭了，他一分钱也没中，只好垂头丧气地回家了。

管理公司的人，在寒冷中可怜兮兮地守着收音机，期盼着中大奖能挽救公司。这种情形，既让人觉得可笑，也觉得心酸。然而正是因为他是无论遇到任何困难都始终保持乐观和倔强的人，才能做出这样的事情。

1947年初，东京通信工业公司因为财务危机已经到了濒临破产的境地。盛田昭夫和井深大意识到，公司虽然以"创新发明"为主，也一直标榜自己是"以独创的手法制造高科技产品的动脑公司"，但光是靠改造录音机，利润实在太低，连员工的薪水都发不了，更别提理想。实现理想固然很重要，但公司首先要生存下去才行。公司现在的首要目标，不是制造高科技产品，而是搞一些能迅速赚钱的产品，使公司生存下去。

到底什么产品能尽快赚到钱呢？两个人商量了好久，目标锁定了电热毯。当时，银行业务受到严格的控制，所以公司需要能赚现金的产品。电热毯需求量大，也可以零售，制作起来也简单。可以说，电热毯是解决公司困境的非常理想的产品。

电热毯就是在两层垫子中间，铺上细细的镍铬合金线，在电线上面铺上一层漆布，它既没有断热材料，也没有调节温度用的恒温器，所以也非常的不安全。

技术人员出身的盛田昭夫和井深大知道电热毯有安全隐患，所以不敢挂"东京通信工业公司"的牌子，害怕坏了自己的名声。后来就挂着"银座雀巢商会"的虚名，就算日后出现问题，也有个"替罪羊"，不至于损害公司的形象。

不出他们所料，好多消费者因为被褥、毯子被烤焦要求公司索赔，井深大的一个朋友，还因为电热毯烧焦了裤子。1949年日本的一个寺院发生了火灾，就是因为使用电热毯引起的。盛田昭夫听到这个消息，吓得不得了，后来查明不是自己公司生产的，才松了一口气，不过再也不敢生产这种产品了。

电热毯销路好得不得了，给公司赚了不少钱。公司的危机暂时解决了。更重要的是，通过这件事情，盛田昭夫深切地感受到了销售的艰辛和重要。

当时东京通信工业公司里，全部是技术人员，一个销售人员都没有，更别提销售渠道了。就算生产出新产品，也只能堆在仓库里，一个也卖不出去，不仅变不了钱，还要支付仓库的费用。就在一筹莫展时，盛田昭夫突然想到了一个好主意。盛田公司酿出的米酒都是职员们自己销售的，那我们也可以自己的产品自己销售啊！

于是，盛田和井深大一起动员职工们去街边摆摊厚着脸皮叫卖。有的职工家属们，把商品用扁担挑进拥挤的火车车厢里，从名古屋一直到大阪，磨破嘴皮子向乘客推销产品。

公司的职员们都是技术人员，完全是硬着头皮去销售产品。然而正是这种"自产自销"的经验，不知不觉中演变成为索尼日后独特的经营模式。这种独特的经营方式，也是索尼的特色之一。

第四节　小公司，大工程

> 艺术的大道上荆棘丛生，这也是好事，
> 常人望而却步，只有意志坚强的人例外。
>
> ——雨果

电热毯虽然是个铤而走险的产品，但还是帮助公司渡过了难关。之前公司一直在销售短波收音机改装器，反响不错。随着战后听广播、听音乐的人越来越多，所以公司也开始生产留声机的马达和磁头。

那时候，物资十分短缺，不过黑市非常活跃。生产马达和磁头的一些零件只有在黑市上才买得到。为了搬运零件，盛田和井深大花了大约100美元，买了一辆又小又破的卡车。当时整个公司，只有井深大和盛田昭夫有驾驶执照，所以这两个主管所当然地变成了司机。他们亲自去黑市上采购原材料运回工厂，把零件的成品搬上车，开着车挨家挨户送货，两个人还互相嘲笑说，堂堂的主管居然变成了跑腿儿的。

不过，公司生产的马达和磁头在市面上卖得好，对公司的资金周转也有很大的帮助，两个人虽然辛苦，但依然干劲十

足。公司生产的产品越来越多，员工比一开始增加了不少，原来才36人，现在已经有70多人了，增长了近一倍。两个人都盘算着，要是按照这样的速度下去，成为大公司是早晚的事情。

然而，小小的零件满足不了盛田昭夫和井深大的愿望。从公司成立的第一天起，两个人就认定，公司应该以创新发明为主，制造高科技产品。当公司情况有些好转的时候，两个人就开始琢磨，到底应该生产什么产品呢？经过多次讨论，两个人决定向钢丝录音机挑战。

从上中学的时候，盛田就听说，东北大学的永井健三教授从事钢丝录音机的研究。他还做了很多这方面的实验，可惜报道上没有永井教授详细的报道，碰巧这位永井教授是井深大的好朋友，交情还不错。于是盛田昭夫就建议井深大把钢丝录音机作为开发产品。而井深大也觉得，战后的日本人越来越喜欢听美国的音乐，录音机是个不错的主意，加上有永井的帮助，把钢丝录音机研究出来也并不是什么难事。

井深大马上去大学里拜访永井，希望他能助自己一臂之力，于是永井教授派了自己的一位助手到公司帮助井深大。

可惜这位助手的挑战并没有成功。虽然参照盛田昭夫向美国朋友要来的钢丝录音机研究，别的问题都能解决，但录音机的主体——钢丝却成了大难题。

钢丝录音机需要一种很细很细的钢丝，直径只有1毫米。这么细的钢丝，在当时可是尖端技术。盛田和井深大千方百计才打听到，住友金属公司能够生产这种钢丝，两个人马不停蹄地赶到住友公司，拜托他们生产钢丝。然而对方觉得他们是刚刚成立的小公司，订购的还是高科技产品，根本不敢接这个订单。其他有能力生产这种钢丝的公司，也同样拒绝了他们的请求。无奈之下，盛田昭夫和井深大只好放弃了这个项目。塞翁失马，焉知非福。虽然没有生产出钢丝录音机，但后来他们却生产出比钢丝录音机更好的磁带录音机来。说起来，也是一种运气。而且就在这时候，这个小公司还接了一笔大生意。

日本战败后，国家广播公司（NHK）被美军接管了。美军打算改装广播公司，增添影棚和音响设备，原有的一些广播机器也要改装，改装组的负责人——岛茂雄是井深大的朋友。本来打算把这个改装工程交给大公司，可是战后的大公司都在进行新产品的研发，根本不愿意接这种费时费力却赚不了多少钱的改装工程。岛茂雄转念一想，井深大的公司不是改装过收音机吗？而且他们公司还刚起步，根本没什么生意，不如就交给东京通信工业公司好了。

井深大和盛田昭夫听到这个消息，都觉得这是个千载难逢的机会。本来他们对这种改装广播机器就很熟悉，公司里大多都是高科技人才，改装工程对他们来说不是难事。虽然这个工程不赚钱，但这是一个既能发挥特长又能扬名的好机会，两个人立刻动手写竞标书。

接到东京通信工业公司的投标书，美军不久后就到公司来考察，顺便讨论下订单的细节问题。当时公司还在御殿山的破房子里，办公条件也很差。本来美军负责人就从未听说过"东京通信工业公司"的名字，看到又小又破的工厂，一脸不屑地对岛茂雄说道："你们怎么搞的？为什么推荐这样的破烂工厂？难道你们疯了吗？"

岛茂雄一边道歉，一边拍着胸脯保证："放心吧，公司虽然小，但非常有实力，一定会按时完成改装工程的，而且质量不会比欧洲的差。"美军看到项目负责人这么肯定，才勉强同意。临走时，美军的负责人还叮嘱盛田昭夫和井深大，在房子四周准备几桶沙子和水，以防着火，可见有多担心。

看着一脸不屑的美军负责人，盛田昭夫暗暗发誓，一定要把这个工程做到完美，好让这帮美国佬收回这番话，给自己、给公司、给日本人争口气。

盛田昭夫和井深大身先士卒，每天第一个到工厂，最后一个离开工厂。有时为了赶进度，他们干脆就住在工厂里。哪怕有一个细节不够完美，都重新加工，不断改进，绝不应付了事。员工们都抱怨他们太过挑剔，简直是吹毛求疵，但他们却不敢掉以轻心，每天以厂为家，不眠不休地检查每一个环节。有时候，还亲自操刀，给员工们做示范。员工们在他们的带领下，都专心致志地工作，不敢有半点马虎。

这种精益求精的工作态度，终于获得了回报。当盛田昭夫把产品交给NHK总公司时，所有人都赞不绝口。当初那位不太信任他们的负责人，看到在那么破旧的厂房里，能生产出质量这么好的产品，更是对他们刮目相看。

因为第一批改装的广播机器品质优良，让东京通信工业声名鹊起。这个小公司，不仅赢得了美军的信任和赞美，而且让订单不断，接了许多类似的大工程。后来美军的电台、美军远东空军基地，包括东京第一播音室、大阪广播电台、东京广播电台的改装工程全都包给了他们。

虽然之前夜以继日地工作非常辛苦，但得到众人的认可，每个人都非常有成就感。通过这件事，盛田昭夫认识到，想获得一分成功，就要付出十分的努力。世界上虽然没有完美的产品，但成功的产品一定要以完美为目标，做到尽善尽美，一丝懈怠，就有可能失败。他们踌躇满志，打算向更高的目标进军。

第五节　昂贵的玩具

灵感不过是"顽强的劳动而获得的奖赏"。

——列宁

东京通信工业的改装工程进行得很顺利，但这并不是盛田昭夫和井深大的最终目标。他们不仅仅满足于规定好的任务，更想要发挥自己的创造力，制造出从原材料到质量、从内部零件到外观都是独一无二的产品。之前的钢丝录音机没有成功，但盛田昭夫和井深大一直没有放弃开发新产品的想法。就在无意之中，他们发现了一件宝贝。

一天，井深大到日本广播公司交货，在办公室看到一个新奇的玩意儿。井深大是个技术迷，只要见到先进的东西，他都要刨根问底弄个清楚。他问办公室的人："这是什么东西？"办公室的职员告诉他，这是驻日美军最高司令部带来的磁带录音机。

"磁带录音机！"井深大心想，"早就听说德国人发明了磁带录音机，这可是第一次见。"研究过钢丝录音机的他，被勾起了好奇心。

井深大细细地打量一番，发现这和他原本打算制造的钢丝录音机可是天壤之别。钢丝录音机有不少缺点，比如为了要达到良好的音质，钢丝必须要快速地通过录音机磁头，所以必须要用很大的线轴缠上很长的钢丝，缠钢丝可不是简单事儿，不是钢丝太细就是线轴太多，操作起来很难，而且无论录什么声音，都必须录得完美，改起来特别难。相比之下，磁带录音机就好操作多了，磁带不像钢丝那么麻烦，结合得很密实，剪切也容易。而且一个小小的线轴就能缠很长的磁带，录音时间更长。更棒的是，声音非常真实，比钢丝录音机效果好多了。

　　这一番考察下来，井深大对磁带录音机一见钟情，觉得这才是公司要制造的产品。他按捺不住兴奋的心情，马上赶回公司，兴致勃勃地对盛田昭夫描述起磁带录音机来。

　　听了井深大的描述，盛田昭夫也找个机会跑去日本广播公司瞧了瞧，看了之后，他和井深大一样，觉得这是个非常有前途的产品。然而现在公司改组成了股份制，可不是他和井深大两个人说了算，而且之前他和井深大开发的好几个产品都失败了，其他股东，特别是财务经理根本就不敢轻易相信他们了。要想制造磁带录音机必须先说服同事们，特别是抠门儿的财务经理。

　　怎么能说服他们呢？口说无凭，最好能拿到实物给同事们展示一下。盛田昭夫和井深大一起去找那位美军负责人，希望能借用一下那台磁带录音机。美军负责人起初不太同意，在他们两个百般劝说后，终于答应亲自带着录音机到公司展示。

　　磁带录音机一进公司，就引起了围观，公司里的人挤成一团，争先恐后地看这台机器。听到从录音机里传出来的声音后，大家都觉得，这是个非常不错的产品，值得试一试。最后，只有一个人不同意，就是负责财务的经理，也是盛田昭夫的父亲派到公司的管家。

　　这位管家和盛田昭夫的父亲一样，凡事都小心翼翼，总是怀疑和批评盛田昭夫的大胆冒险。他觉得这个产品成本太贵，没有前途。

这可急坏了盛田昭夫，要知道没有资金，制作磁带录音机就是天方夜谭。要是晚一点研究，说不定就被别人抢占了先机，那可糟了。

这个财务经理，有些贪杯。看来只有在喝酒的时候才能好说话一点。没办法，盛田和井深大只好自掏腰包，找了一家餐馆，请财务经理吃了一顿很丰盛的晚餐，而且还点了当时很难买到的啤酒。三个人一边吃一边喝，直到深夜。趁着财务经理喝得高兴，盛田就不停地说磁带录音机有多好，比之前的产品好上千百倍。还说："现在竞争这么激烈，必须尽快打入市场。要是现在就起步，比其他人先生产出来，就可以把所有大公司打败。但如果慢一点，被别人先开发出来，那我们这种小公司就彻底没戏了。机不可失，时不再来，机会可不等人啊！"

财务经理酒足饭饱，心情极好，再加上盛田昭夫振振有词，说得头头是道，财务经理也被他说得雄心万丈，大吼道："你们这两个赌徒，去赌一把吧，我把整个家当都押上，绝不反悔！"

得到批准后，盛田昭夫和井深大马上行动起来。第一步就是购买专利权，要把磁带录音机变成产品，必须获得东北大学永井教授的专利，而这项专利已经被安立电气公司购买了。幸运的是，当时安立电气公司的经理是井深大的朋友，也比较好说话。

亲兄弟，明算账。安立电气公司一开口就要价50万，这对于刚刚成立的东京通信工业公司来说，简直是天文数字。庆幸的是，日本电气公司也打算研究磁带录音机，所以两家各自出资25万日元，得到了永井教授的专利权。

专利权一到手，公司成员摩拳擦掌，开始动手研究磁带录音机，可是才一开始，就碰到了难题。他们之前改装收音机，也生产留声机的马达和磁头，对录音机的零件及其组装游刃有余，以为磁带录音机也可以信手拈来。但是没想到，磁带录音机最核心的部分——磁带却让他们一点头绪也摸不着。因为当时日本连进口的磁带录音机都没有，更别提国产的了，这可真是鲜为人知的技术，而盛田昭夫觉得，不但要生产录音机，也要生产磁带。因为顾客买了录音机，就会不时地补充磁带，磁带也是一笔不小的生意。如果只卖录音机不卖磁带，就等于把大笔的生意拱手让人了。

既然要生产磁带，就得从原材料入手，选来选去，也只有玻璃纸能用。盛田昭夫和井深大，还有永井教授派来的助手，成立了一个研究小组，他们把玻璃纸切成长条，外表涂上各种不同的实验材料，但是即使是最好的玻璃纸，放在录音装置上转一两次也会变形，而且音质也不好。为了解决这个问题，公司特地聘请了化学专家，研究如何加强玻璃纸的韧度，但都没有成功；试着增加玻璃纸的厚度，但也没有用。后来，盛田昭夫向在造纸厂工作的表哥求助，不久后就送来一批又薄又光

滑、韧性也比较好的牛皮纸，他们三个人又开始新一番实验。

他们用小刀将牛皮纸切成长条，铺在实验室的地板上，接着把买来的磁铁磨成粉末，再一点点地把磁铁粉涂在长条的牛皮纸上。磨铁粉是个耗费心血的活儿，既不能熬的时间太长，也不能太短。涂铁粉的过程，更让盛田昭夫尝尽了苦头。当时的工作环境很差，只要有人从屋里走过，磁铁粉就到处飞，落到他的头发上，弄得他头皮发痒，衬衫的领子和袖口不到一天就变脏了。即使这样，盛田昭夫也顾不上抱怨，一心想着磁带的事情。

没想到，如此挖空心思制造出来的磁带，却被同事们批评说："这样涂抹的磁带斑点太多，杂音也大，跟美国进口的磁带比，简直糟透了！"听到这样的批评，盛田昭夫有些气馁，但更多的是不服气。他暗自发誓："我就不信，我们制造不出来比国外更好的产品！"从此，他工作起来更加卖命了。

后来公司的员工木原信敏发现，只要将草酸亚铁加热燃烧，就会产生氧化铁，这种氧化铁作为磁带的原材料非常合适。问题是，到哪儿找这些东西呢？盛田昭夫灵机一动，直奔东京药材批发商聚集的地区，终于找到一家卖草酸亚铁的店铺，一口气买了两瓶带回来。

由于没有烧化学材料的专用电炉，只好借一只平底锅，把草酸亚铁放在锅里煮，就跟煮粥一样，一边煮一边用木勺子搅和。之后把它们从锅里倒出来，加入天然漆混合，这就成为了

磁带的主要材料。

盛田昭夫一开始用喷漆的方式，把磁粉喷在牛皮纸带上，但是效果不太好。没办法，他们只好用手拿着刷子，一点一点把磁粉刷上去。结果出乎意料的好，十分均匀，而且没有斑点。

美中不足的是，牛皮纸录音带效果很糟糕，就连打招呼用语"莫西，莫西"都听不清。尽管这样，但听到自己的声音从录音机里传出来，全公司的人都兴奋不已。

当时的东京通信工业规模小，也没有什么名气。不过当时的东京通信工业1/3以上的员工都是大学生，人才济济。虽然当时没有塑料原料，但在技术上却遥遥领先。等到买到塑料原料后，他们就可以马上制造出高品质的磁带录音机和录音带了！

攻克了磁带的技术难关后，磁带录音机的研发工作就愈发顺利了。1950年8月，东京通信工业的第一台磁带录音机G-1型终于上市了。虽然这台录音机有35公斤重，是个十足的笨家伙，可公司里上上下下都觉得它像艺术品一样精致。

看着这台磁带录音机，盛田昭夫感慨万千。从看到留声机的第一眼开始，他就梦想着有一天，能把自己的声音录下来。听到从G-1型录音机里传出来的声音的那一刻，他就像见到了梦中情人一般，激动得心脏都要跳出来了。选择终身服役时，他以为再也无法实现自己的梦想了，没想到还有美梦成真的一

天。一时间，感慨万千。

对磁带录音机，盛田昭夫信心满满，给它定价16万日元。他觉得，只要消费者看到G-1型磁带录音机，听到它播放的声音，一定会被如此神奇的产品迷住的。他仿佛看见，雪片似的订单从全国各地源源不断地飞向东京通信工业。

然而，事实并非如此，他以为大卖特卖的磁带录音机却一台也卖不出去。每个人看到这台机器都赞不绝口，但是却没有人想买。大家都说："这个东西很好玩，但是我可没有那么多钱，买这个昂贵的东西当玩具。"

第六节　产品卖给谁

失败也是我需要的，它和成功对我一样有价值，只有在我知道一切做不好的方法以后，我才能知道做好一件工作的方法是什么。

——爱迪生

盛田昭夫和他的伙伴们，是一群梦想成功的年轻人，更是科技的崇拜者。他们以为，只要在技术上领先，做出一项独特的产品，顾客就会蜂拥而至，公司就会发大财。然而，现实却并不乐观。

他们费了九牛二虎之力才研究成功的磁带录音机，每个人都爱不释手，但却无人问津。盛田昭夫意识到他之前的预想太过幼稚了。

公司里以井深大为首的职员，都是技术人员，根本不懂销售。公司刚起步，没有专门的销售部，能说会道的盛田昭夫只好临危受命，挑起了推销的重担。

盛田昭夫心想，现在国内的日本人根本不知道磁带录音机是干什么的。所以，要想把磁带录音机卖出去，首先必须让别人，特别是潜在的买主知道它的价值。

盛田昭夫扛着70斤重的录音机上路了。在各个公司、大学里，甚至同学、朋友的聚会上，盛田昭夫都卖力地宣传新产品。他就像娱乐别人的表演者一样，把机器摆好，录下他们说话、唱歌的声音，然后再放给他们听。每次大家都说"这东西真有意思""这东西真神奇"，但却没有一个人出钱把它买下来。日复一日，月复一月，盛田昭夫不免有些泄气。

一次，有人打电话给公司说："你们的磁带录音机很有意思，我们想借用一下。"盛田昭夫二话不说，扛着录音机就去了。等他满头大汗地到对方公司里，接待人员轻描淡写地说："我们要开一个宴会，你跟我来吧。"在宴会上，盛田昭夫用磁带录音机录下了客人们的欢声笑语，还献唱了一首歌助兴，

把宴会的气氛推到了高潮。公司负责人也非常喜欢磁带录音机，可是一听说要16万日元，就摇头说："这玩具太贵了，我可买不起。"

盛田昭夫知道，16万日元在当时不是小数目。当时的日本大学毕业生一个月才赚3500日元，普通人根本买不起这么贵的录音机，尤其这个录音机还不是生活必需品。但是磁带录音机的定价，也是经过严密计算的，为了磁带录音机，公司付了专利费，还有员工的费用，材料的成本等。所以价格如果低于16万日元销售，根本就是赔钱。而如果卖不出去，公司的处境会更加危险。

没人买磁带录音机，这件事让盛田昭夫百思不得其解。琢磨了几天之后，他终于明白了一个道理。只有技术和产品，并不能维持企业的生存，把生产的产品卖出去才是真正的成功。也就是说，公司要想生存和发展下去，必须有人负责销售产品才行。井深大是个创造型的人才，为人正直坦诚，但缺乏说服别人的能力，像他这样的人，更适合将精力用于产品的设计和制造上。而盛田昭夫自己，善于与人沟通，语言表达能力也强，应该成为公司的销售人员。这对他是个痛苦的抉择，因为这意味着他必须放弃自己喜欢的技术工作，不过这个痛苦的抉择，也是盛田人生中最正确的决定之一。

就在盛田昭夫一筹莫展的时候，机会来了。1950年11月5日，日本国会图书馆举办了一次"日本新技术展"，东京通信工业作为业界小有名气的公司，也接到了邀请。盛田昭夫觉得，这是一次推销的绝佳机会，于是带着G型磁带录音机去参加了展览。

展出当天，皇后、皇太后和几位公主走到磁带录音机展台前，都停下了脚步，饶有兴趣地研究起这台机器。盛田昭夫随机应变，立刻把皇后的声音录了下来，听到自己的声音从机器里来传出来，皇后十分高兴，拍手称绝。

这件事第二天就成了新闻的头条，国会图书馆出钱买下了展览的那台录音机。不过他们中意的并非产品，而是由于那台录音机录下了皇后的声音。不管怎么样，总算卖出去一台，盛田昭夫重拾信心，又开始巡回推销磁带录音机了。

一天，疲惫不堪的推销员盛田昭夫在回家的途中，刚巧经过一家古玩店，而就是这间古玩店，让他茅塞顿开。

盛田昭夫对古董一点兴趣都没有，更不了解古董的价值。这家古董店就在他回家的路上，但他从来没有进去过。这一天，他鬼使神差地推开了古董店的门。对古董，他是个门外汉，一边看着破烂陈旧的古玩和标价，一边在心里嘀咕："这么旧这么贵的东西，有人买才怪！"

就在这时，一位顾客看中了一只旧花瓶，毫不迟疑地从钱包里掏出大把的钞票，眼睛都不眨一下，就把花瓶抱走了。更有意思的是，看起来虎背熊腰的男人，抱着花瓶时小心翼翼，蹑手蹑脚，就像抱着一个熟睡的婴儿一样。

和创造世界名牌的人

一起放飞梦想

Let the dream fly

看着那位买花瓶的人一步步走远，盛田昭夫想起了自己的祖先。听父亲说过，祖父和曾祖父也沉迷于艺术品不能自拔，为了买那些精致的瓷器和字画，花了大把的银子，一点也不心疼。他又想起了自己的磁带录音机，那只旧花瓶的价格比磁带录音机高出不知多少倍，为什么还有人花钱去购买一点实际用途都没有的旧东西呢？而自己公司生产的磁带录音机既新奇实用，又比古董便宜，怎么就没人买呢？

盛田昭夫转念一想，凡事都有理由。在自己眼里，磁带录音机比古董更有价值。它能记录人们的声音，能给人们带来快乐，能为成千上万的人服务。但在古董爱好者眼中，古玩有特别的价值，买了它就等于投资。父亲说过曾靠变卖艺术品才偿还了公司的债务，看起来不切实际的古董对于古董商而言，就是价值不菲的产品，有着非常重要的价值。那么想要卖出去录音机，就必须找到能够发挥磁带录音机的价值的人。

想到这里，盛田昭夫豁然开朗。产品卖给谁？卖给需要它的人！整天四处奔波，去大学和公司里推销录音机，之所以没有任何成绩，并不是磁带录音机的失败，而是推销策略的失败。许多人把磁带录音机当成昂贵的玩具，因此不会花钱购买。但对于需要录音机的人就大不一样了，无论花多少钱他们都会愿意购买的。

对什么人来说，磁带录音机最有价值呢？盛田昭夫陷入了沉思。磁带录音机最大的功能，就是能够录下声音，那么谁需要录下声音呢？应该是速记员或者需要速记的部门。想到这里，他灵光一现——法院！法院每次开庭审理案件的时候，都需要有速记员做笔录。战争时期，很多人都被迫离开学校，能顺利完成学业的人很少，因此战后非常缺乏速记人员。磁带录音机完全可以替代速记员，而且法院一定会愿意出钱购买磁带录音机的，录音机可比速记员花费小多了。

想到这里，盛田立刻迫不及待地把G型磁带录音机装上车，开向法院。果然不出他所料，法院的人立刻看出磁带录音机的价值。对他们来说，这可不是玩具，而是能帮助他们工作的机器，所以法院一下子就订购了20台。

做成了这笔大生意，盛田昭夫信心倍增，但他并没有简单地满足于现有的成功，而是反思自己的失败。

盛田昭夫对井深大说："以前我以为，顾客并不知道自己要什么，只要我们制造出来高科技的产品，他们就会花钱买。但是经过这几个月，我终于明白一个道理。不论我们制造出来的产品有多完美，如果没有人需要，就一点价值也没有。我们的技术可以改变生活，前提是，我们的技术没有脱离生活。我觉得，我们公司的目标，应该是创造出人们需要的产品，而不仅仅是创造新产品。"井深大经历了G型录音机的销售艰辛，对盛田昭夫的话也深有同感，他开始研究G型录音机失败的原因。

井深大开始改良G型录音机，盛田昭夫也没有闲着，继续

开拓市场。反复琢磨后，他锁定了下一个目标——学校。

日本教育一向重视阅读、书写和珠算。但是，战后接管学校的美国人觉得，言语的沟通和视听训练也是十分重要的。而当时日本除了有一些英语发音的影片之外，几乎没有其他的媒体，但几乎没有人能听得懂这些影片。美国的教育改革，正好让盛田昭夫看到了商机。

盛田昭夫开着装满录音机的卡车，到全国各地的中小学宣传，不断地向学校介绍录音机的功能和用法。而学校发现，录音机可以播放语言录音带并配合英语电影，这样就符合美国人的要求了。

由于全国都在进行教育改革，所以不久之后，每个学校都开始使用磁带录音机了。直至现在，大多数学校的英语教学都还在使用磁带录音机。可以说，盛田昭夫的磁带录音机，改变了日本学校的教育方式。

想到全国上下都在使用自己卖的磁带录音机，盛田昭夫不禁沾沾自喜。就在他洋洋自得的时候，一个身材魁梧、嗓音洪亮的人敲响了他办公室的门，给他带来了一份十分棘手的订单。

SONY

第三章　SONY的诞生

SONY

第一节　专利权归谁所有

事业常成于坚忍，毁于急躁。

——萨迪

　　闯进盛田昭夫办公室的学生名叫大贺典雄，是东京艺术大学学习歌剧的学生。他对磁带录音机早有耳闻，总跟老师们建议说："跳芭蕾要对着镜子练习，我们学音乐的学生也应该借鉴这种方法。我们作为东京最好的音乐学校，平时的教学中应该使用磁带录音机。"

　　由于大贺典雄三番五次地申请，东京艺术大学打算购买一部录音机试试，还派他去东京通信工业公司送订单。

　　盛田昭夫一听对方是个大学生，又只是定一台磁带录音机，就没太放在心上，打算随便应付过去就行了。没想到大贺典雄虽然是个学音乐的学生，却对电器十分在行，说话也是直来直去。和盛田昭夫一见面就对G型磁带录音机挑三拣四，指出了一大堆缺点。更气人的是，大贺典雄还写了一份改进的详单，比如电阻应该多少，频率应该在多少以上。这样的直言不讳把盛田昭夫弄得面红耳赤。

盛田昭夫没想到，自己引以为傲的磁带录音机，却被一个毛头小子批评得一无是处。他本来十分生气，但冷静下来，却对这位年轻人充满了感激之情。他想，如果所有人都看不到G型录音机的缺点，就不会想到去改进它，又怎么能创造出更完美的产品呢？科技在不断地进步，如果我们只生产一种型号的录音机，不去改进和完善它，早晚会被市场淘汰掉。这个年轻人虽然说话太直接，让人难以接受，但却一针见血地指出了G型录音机存在的问题。无论正确与否，这位年轻人的批评都让盛田昭夫他们从自大骄傲中清醒过来，这其实是对他们最好的帮助。

想到这里，盛田昭夫看大贺典雄顺眼多了。不仅顺眼，他还邀请大贺典雄经常到公司里来，当自己的监督员。直爽的大贺典雄，一旦发现有什么不妥的地方，从来不藏着掖着，总是直言不讳，常常让技术人员下不来台。可谁也没想到，就是这位业余的监督员，后来接替了盛田昭夫的位置，成为了公司的管理者。

大贺典雄的一番话让盛田昭夫和井深大开始反思产品的缺点。两个人坐在榻榻米上，一条一条地分析G型录音机的缺点和改进方法。

盛田昭夫说："许多人都喜欢咱们的产品，但都觉得太贵了。能买得起的学校和法院已经都买了，短期内不会有人再购买我们的产品，就算买，也不会有多少。我们要想进一步拓宽

市场，让普通的家庭都能买得起录音机，必须降低价格。"

井深大点点头说："你说的有道理，而且G型录音机实在太笨重了，35公斤的大家伙携带起来不方便，也占地方，这也是影响销量的原因之一。要是小巧一些，原材料用的也少，价钱也会相对低一些。"

讨论后，盛田昭夫和井深大召集了所有的设计人员，宣布了缩小体积、降低成本的目标。为了抢占先机，他们只好狠心地把设计人员关了整整10天，让他们专心设计。所有的设计人员在与世隔绝的宾馆里，争分夺秒，全力以赴，终于圆满地完成了任务，也就是H型录音机。

H型录音机重量为13公斤，售价8万日元，只比普通的公文包大一点。这种机型小巧精致又简单耐用，比之前的G型录音机更受欢迎。1951年，在盛田昭夫结婚时，公司将生产的第一台H型录音机送给他作为新婚贺礼。

H型录音机推向市场后不久，盛田昭夫又想出了一个销售妙招——创建录音教学研究会。他觉得，无论产品多好，如果没人知道也卖不出去，要想卖得多，知道的人越多越好。但如果以东京通信工业的名义做宣传，对方就会以为是在推销产品，引起戒备和反感心理，反而不利于销售。如果以录音教学研究会的名义介绍磁带录音机在教学中的使用方法，就能在潜移默化中提高产品的知名度。

除此之外，盛田还在全国各地派遣常驻维修人员，并且负

责上门维修。贴心的售后服务，为东京通信工业赢得了更多的赞誉和客户。直到现在，索尼的售后服务在电器行业中也是首屈一指的。

H型录音机的小巧方便，加上盛田昭夫的销售策略越来越完善，H型磁带录音机很快普及到日本的学校中，全国约有1/3的学校都购买了H型录音机。

就在这时，天降商机。政府宣布原来由国家和美军控制的电波，全面向民间开放。这个政策如雨后春风，使全日本掀起了兴办广播电台的热潮。

东京通信工业公司，在这场广播热中受益匪浅。因为如果只靠直播节目，私营的广播公司不久后就会因为劳民伤财而垮台。录音机就完全解决了这个难题，不仅公司的库存一扫而光，还一再增产以满足市场需求，而且买的人越来越多，警察局、广播电台、银行、公司，甚至个人都成为了他们的客户。

随着H型录音机的大获全胜，东京通信工业公司的规模也逐渐扩大。1951年，它已经成为资金2000万日元、职工人数将近200人的中型企业。就在盛田昭夫和井深大雄心勃勃地打算开发下一个产品时，一场官司却从天而降。

广播热的兴起，使得磁带录音机的需求不断扩大。美国人瞅准了这个机会，也想分一杯羹。日本国内出现了进口的美国磁带和销售美国磁带的贸易公司，其中规模最大的就是巴尔科姆贸易公司。

盛田昭夫和井深大得知此事，大吃一惊，马上派人买来这种录音机进行研究。这一研究，两个人都不禁勃然大怒。美国进口的录音机采用的明明是东北大学永井教授发明的专利，这显然侵犯了东京通信工业公司的专利权。

早在研制磁带录音机之前，盛田昭夫和井深大就四处借钱购买了专利权。买了专利之后，盛田昭夫就发函给全球所有的录音机制造商，宣告东京通信工业公司的专利拥有权。同时告诉其他公司，如果想使用这项专利，必须事先向东京通信工业公司申请。而美国的巴尔科姆公司在没有向公司申请专利的情况下就使用了这项专利，明显侵犯了公司的合法权益。

为了维护公司的合法权益，也为了永绝后患，公司决定向巴尔科姆公司提出警告，要求他们停止进口这种磁带录音机，或者交纳专利使用费。没想到，巴尔科姆公司仗着自己有美国人撑腰，根本不把这种小公司放在眼里。迫不得已，盛田昭夫他们只能求助法律解决专利权的纷争，一纸诉状，把巴尔科姆公司告上了法庭。

盛田昭夫心里清楚，打这场官司有极大的风险。一方面，永井教授的专利在美国一直没有获准登记。永井教授在日本取得专利后，曾经在1941年向美国国会图书馆和其他地方提交过发明资料申请专利，偏偏在这个时候，太平洋战争爆发，专利权的事情就被放在一边置之不理了。一年半后，有个美国人也发明了与永井教授相同的技术，并且在美国取得了专利，并向日本以外的其他主要国家提出了申请。虽然在日本确立的仍然是永井教授的专利权，但万一巴尔科姆耍赖，说他们使用的是美国人的专利，谁胜谁负就不好说了。另一方面，日本法庭规定，原告必须要求赔偿金额相等的申请费才能提起诉讼，就算诉讼失败，这笔申请费也是不会退回的。也就是说，无论能不能赢得这场官司，盛田昭夫他们必须先拿出400万日元的申请费。当时，东京通信工业公司刚有起色，所有的资金都投入到兴建厂房、开发产品中，根本拿不出这么多钱。就算拿得出来，也要向银行贷款，而一旦他们输了官司，公司就会破产。

就在盛田昭夫和井深大犹豫不决时，巴尔科姆公司又一次对他们发出的警告嗤之以鼻，还冷嘲热讽地说："战败国还如此猖狂。"

这句话深深地伤害了盛田昭夫他们的自尊心。盛田昭夫和井深大实在忍无可忍，他们决定就算压上全部家当，就算最后血本无归，也不能咽下这口气，一定要给美国人点颜色看看。

盛田昭夫和井深大四处奔波，终于筹集了400万日元，向法庭提起了诉讼。法庭上，盛田昭夫出示了购买专利权的合同和发往世界各国的信函。听了盛田昭夫的辩词后，法院最终宣布东京通信工业公司胜诉。

第二天，盛田昭夫他们就和法院的人一起到海关的仓库，在仓库门口贴上了封条，禁止巴尔科姆贸易公司运走那批磁带录音机。盛田昭夫总算出了一口气。

　　然而事情并没有结束，巴尔科姆公司进口的录音机被查封后并没有善罢甘休。他们从美国请律师到日本来，以美国制造商拥有专利权为由，起诉东京通信工业公司侵权。

　　这是盛田昭夫第一次和美国人打交道，尽管对方咄咄逼人，他也毫不畏惧。他下定决心，即使对手是美国，也绝不轻易妥协。

　　盛田昭夫对美国律师说："我们已经找到了永井教授当年向美国提交的研究报告。这份报告要比你们美国人申请专利的时间早18个月。如果我带着这份报告去美国，也许不仅巴尔科姆公司，整个美国磁带录音机制造商所使用的磁带都可能被判无效。到时候，不仅在日本的美国公司，也许美国本土的公司都要向我们交纳专利使用费。"看到盛田如此胸有成竹的样子，美国律师心里也犯起了嘀咕。

　　这场跨国的专利权之争前前后后持续了3年。直到1954年3月，盛田昭夫才完全胜诉。所有使用永井教授专利的磁带录音机在日本销售前，都必须向东京通信工业公司支付专利使用费，而东京通信工业公司销往美国的磁带录音机，不必支付任何专利使用费。甚至日本制造磁带录音机的厂商只要支付给东京通信工业一定的专利使用费，就可以把产品销往美国。

　　盛田昭夫第一次和美国交锋，对于结局他很满意。可让他没想到的是，这场官司震惊了整个日本。胜诉当天，大大小小的新闻媒体都把它当作头条报道。一家名不见经传的小公司，居然敢向财大气粗的美国制造商挑衅，这种勇气让人敬佩。对于沉浸在战败耻辱中的日本人来说，这不仅仅是东京通信工业公司的胜诉，更宣告了日本战后的崛起，让所有日本人都扬眉吐气。

这场马拉松似的官司，不仅让东京通信工业公司在日本家喻户晓，甚至美国的电器公司也对它有所耳闻。盛田昭夫他们不仅赚了不少的专利费，更提升了知名度。更重要的是，盛田昭夫和井深大通过这场诉讼，开始了解美国，开始意识到美国人并不是高不可攀的。

第二节　神奇的晶体管

> 诚实比一切智谋更好，而且它是智谋的基本条件。
>
> ——康德

从很早开始，盛田昭夫和井深大就希望自己的产品能进入国际市场。1952年，H型录音机销量与日俱增，他们就想趁热打铁，向国外进军。

　　井深大动身去美国考察市场，顺便学习录音带的制造术。回来后却十分失望。他发现只有语言教学中心使用录音机，而所有的磁带录音机制造商都拒绝参观，他连录音带制造技术的影儿都没看到，更别提学习了。

　　井深大美国之行虽然没有达到目的，但对盛田昭夫来说却意义非凡，因为他传来了一个好消息。

　　之前盛田昭夫和井深大读过休克利博士关于晶体管的研究报告，技术出身的他们对晶体管十分感兴趣。井深大到美国后听说休克利博士领导的贝尔实验室，已经成功发明了晶体管。当时井深大并不晓得晶体管的具体用途，但是作为技术崇拜者，他对这项技术的突破感到十分兴奋。回到宾馆后，他迫不及待地给盛田昭夫打电话，谈起了这件事情。

　　盛田昭夫凭着职业的敏感，认识到这将是一项非常有前途的发明。他从小就希望能够听到最真实的声音，他也相信有很多人和他一样，想要听到纯正的声音。如果用小巧、精致的晶体管取代笨重、导热性能差的真空管，不仅能够缩小电子产品的体积，也可以降低能耗，没准儿公司就能制造出用充电电池的小收音机了。日本人一向追求精致小巧，所以晶体管一定能够大行其道。

　　盛田昭夫对井深大说："晶体管所占的体积更小，传递信息的速度更快，同真空管相比更有优势，将来肯定有多种用途。随着科技进步，电器行业竞争会越来越激烈，我们必须尽快拿到晶体管的专利权。"

井深大有些犹豫不决，他说："晶体管是十分先进的技术。技术比我们领先的美国才刚刚研究出来，我们这样的小公司就算拿到专利又能做些什么呢？"

盛田昭夫却不像井深大这么悲观，他说："虽然我们的公司小，员工也少。但是我们公司人才济济，有1/3以上的人都是工程师，都是电子、冶金、化学、机械方面的佼佼者。磁带录音机我们都研究成功了，晶体管就能难倒我们吗？"

本来就跃跃欲试的井深大在盛田昭夫的鼓励下，顿时信心倍增。第二天，他就和拥有贝尔实验室专利权的西方电气公司会谈专利合约的事情。但阴差阳错没有见到负责人，只好先回国。

回国后，井深大马上开始动手研究晶体管。当时晶体管技术还不够成熟，实验总是失败，投入生产更是天方夜谭。但盛田昭夫却对晶体管一直念念不忘，不断地和西方电气公司谈专利权的事情。

经过一年多的努力，西方电气公司终于决定和东京通信工业公司洽谈关于晶体管专利权的问题。

1953年，盛田昭夫前往美国去购买晶体管的使用许可，他拎着行李箱，在东京的羽田机场登机时简直兴奋极了。这是他的首次海外旅行，他想起小时候叔叔对他讲述的花花世界，想起儿时五彩斑斓的想象，想到自己就要亲眼去看看儿时憧憬的场景，激动的心情难以言表。他心想，趁这个机会一定去那些所谓的先进国家看一看。他打算处理完专利权的事情后，顺便去欧洲转转。利用这次旅行，他要亲眼见识一下先进国家的模样，让自己的公司跟得上世界的潮流。

盛田昭夫的这番雄心壮志，一踏上美国的土地就消失得无影无踪了。从小就生活在狭小的岛国的盛田昭夫，当看到闻所未闻的大片土地时，立刻觉得："怪不得日本会战败，与这样的大国竞争，本身就是个错误。"

接待盛田昭夫的是井深大的好朋友谷川让。盛田昭夫见到谷川让问的第一句话就是："谷川君，像西方电气公司这样的大企业，会和我们这样的小公司合作吗？"

谷川让笑着说："盛田君，你担心过度了。美国人非常务实，只要有兴趣，是不会计较这样的事情的，而且美国人很直接。和他们做生意，最好实话实说，千万不要绕弯子，更不要说谎，那是他们非常讨厌的。"

第二天，盛田昭夫和西方电气公司见面时，盛田昭夫将东京通信工业公司的过去、现在以及存在的问题一五一十地告知对方。也正是这种坦诚，赢得了美国人的信任。西方电气公司的负责人也提醒盛田昭夫说："虽然晶体管在技术上是一项重大突破，但想转化为产品还为时尚早。助听器大概是唯一可以利用晶体管的产品。"

盛田昭夫心想，助听器的市场太有限，如果只把晶体管用在助听器上，可是大大的浪费。我们公司有那么多的研究员和工程师，一定能够用晶体管生产出每一个人都可以使用的产品。不过这种打算，可是商业秘密，他是不会轻易泄露的。他没说什么，只是感谢对方的好意，默默地拿起笔，在合同上签上了自己的名字。

签好的合同书，盛田昭夫马上寄回东京。当时通产省对于国际贸易管理非常严格，这份合同只有经过通产省的承认，才能正式生效。而通产省看到这份合同的第一反应，就是拒绝。

按照合同，东京通信工业公司付给西方电气公司2.5万美元作为专利使用费。当时日本的外汇管理非常严格，这笔外汇必须通过通产省才能汇出。晶体管刚刚研究成功，通产省闻所未闻，更看不出晶体管的用途和价值，再加上东京通信工业还是个小公司，却要申请开发高科技产品，通产省难免觉得他们自不量力。即使井深大三番五次地跑去通产省，费劲口舌地解释晶体管的用途，通产省还是一口回绝。面对通产省的强硬态度，井深大也无计可施。

就在他们束手无策时，时机来了。通产省内部发现了贪污事件，负责管理电气行业的部门全部换人。这对东京通信工业公司是件天大的好事，新上任的负责人很快就批准了他们的外汇。

1954年5月，在签完合同6个月后，东京通信工业公司才正式地获得了晶体管的专利。在等待通产省批准的期间，盛田昭夫完成了他期待已久的欧洲之旅。在旅行中，他去了十分向往的飞利浦。整个欧洲之旅中，给他印象最深、触动最大的也是飞利浦。

第三节　飞利浦印象

> 伟大的精力只是为了伟大的目的而产生的。
>
> ——斯大林

盛田昭夫与西方电气公司签完合同后，还参观了西方电气公司的晶体管工厂，他可是第一个获准进入这个工厂的日本人。他充分利用这次机会，和负责接待他的人打得火热。对方赠给了他一些生产晶体管的部件，还有贝尔研究所的《晶体管技术》实验报告。

获得这些赠礼后，盛田昭夫对未来充满了希望。趁着通产省正在考虑他们的申请时，盛田昭夫开始奔向他的另一个目的地——欧洲。

在德国，盛田昭夫参观了大众汽车公司、梅赛德斯汽车公司、西门子电器公司以及很多小公司，亲眼见识到了德国发达的工业，也意识到了日本的落后。

有一天，盛田昭夫在一家德国餐厅里，点了冰淇淋。侍者端上来时，冰淇淋上还插着一支小纸伞做装饰，他感到十分惊讶。侍者看到他的表情，笑着说："这是从你们国家来的。"

听到侍者的话，盛田昭夫心里有些不舒服。在侍者眼中，日本最明显的标志就是纸伞这种简单的小玩意儿。恐怕不仅仅是餐厅侍者这样认为，大多数的欧洲人都是这样看待日本的。

他心想："大众、奔驰、西门子这些享誉全世界的企业可以代表德国，难道我们日本就只有纸伞吗？"

盛田昭夫心里不服气，但摆在眼前的事实却让他哑口无言。德国同日本一样，都是饱受战争之苦的国家，作为战败国同样受到管制，但他们复原的速度却远远超过了日本。短短十几年的时间，他们已经跻身于发达国家的行列，拥有处于世界领先水平的汽车、电器行业。而日本的进展却十分缓慢。

盛田昭夫盼望着，有一天日本也能成为世界瞩目的国家，但这还有很长的一段路要走。对国家复兴的期盼，让他既焦急又有些沮丧。

离开德国后，盛田昭夫打算去他向往已久的飞利浦公司参观。他早就知道，飞利浦的电子产品在东南亚乃至全世界范围内都销售得很好，因此他对此行充满了期待。

当火车穿越德国边境到达荷兰时，盛田昭夫马上就认识到德国和荷兰的巨大差别。虽然战争结束不久，但德国已经快速

机械化了。在德国，汽车随处可见，而在荷兰，很多人还骑着自行车，老旧的风车四处林立。可以说，德国已经蜕变为工业大国，而荷兰还依旧是个农业小国。一想到世界知名的电器企业居然坐落在如此落后的农业小国家里，盛田昭夫就觉得很不可思议。

当盛田昭夫到达飞利浦公司的总部——埃因霍温小镇时，他更是不敢相信，世界知名的电器行业的领头羊，居然坐落在如此偏僻的地方。一下火车，就看到了火车站前矗立的飞利浦博士的雕像。安静的小镇、高大的雕像，让他想起了自己的家乡——小铃谷村，想起了村里高祖父的青铜像。

虽然盛田昭夫到荷兰的主要目的是参观飞利浦的工厂，但是当时他的英语不太好，而且仅仅是一家没有任何名气的小公司代表，所以他只能以游客的身份去参观工厂，没有见到任何的主管或者经理。这番走马观花不仅让他有些遗憾，也让他对飞利浦的成功陷入了沉思。

很多人说日本资源匮乏，而资源是经济发展的重要基础，所以日本无法成为发达国家。但荷兰也是一个农业小国，没有丰富的自然资源，埃因霍温又是如此偏僻，交通不够发达，人口也十分稀少。但就是在这个偏僻的城镇上，建立了世界上最大的电子公司之一，可见，资源和环境并不是制约日本发展的决定性因素。

是什么原因使得飞利浦成为国际性的大公司呢？为什么日

本就没有这样的跨国企业呢？盛田昭夫百思不得其解。

漫步在小镇上，盛田昭夫浮想联翩。在飞利浦博士的雕像前，他想起了自己的高祖父。高祖父是个有勇气、有魄力的人，还尝试过酿造葡萄酒，虽然失败，但这种冒险精神难能可贵。村民们为了纪念他，还在村里面为他铸了一座青铜像。同样的雕像，一个举世闻名，一个却只能静静矗立在小村子里。差距在哪里呢？

对比高祖父和飞利浦博士，盛田昭夫找到了答案。高祖父虽然不断尝试新事物，但无论是葡萄酒还是米酒、酱油，这些都是传统的产品和工艺。几百年来，这些产品的技术并没有多大的进步，也不需要多大的进步。这些技术和产品，不仅盛田家拥有，别的城市、别的国家一样拥有，没有核心竞争力。而飞利浦公司生产的产品，代表着世界上最先进的技术。这种技术，就是飞利浦公司的核心竞争力。这种先进的技术，只有他们才能拥有，别人无法在短时间内生产出同样质量的产品，因此他们有无可比拟的优势。而就是技术上的领先弥补了他们在资源、环境、劳动力等方面的缺陷。

盛田昭夫想："既然飞利浦可以做到，那么，我们公司同样可以做到。而如果我们公司要想同飞利浦一样成功，就必须要在技术上下苦工夫。"磁带录音机也证明了，技术领先有多么重要。

但技术领先并不意味着成功，必须把产品卖出去才行。要知道荷兰是个小国家，市场很小。飞利浦公司每天生产出的产品数以千计，他们的产品卖到哪儿呢？只能卖到国外去。看来出口是公司做大做强的必由之路。

当天晚上，盛田昭夫回到宾馆里，第一件事情就是给井深大写信，告诉他自己的想法。他在信中说："到飞利浦参观，让我受到了极大的鼓舞，也让我想了很多。飞利浦的成功归结起来，只有两条：一是技术，二是出口。技术创新，这是我们公司一直秉持的理念，我相信，我们公司有你在，这点不成问题。但是以前，我们总觉得出口是可有可无的事情，认为只要在国内销售就可以了，这种想法实在大错特错。日本是个小国，市场需求也小，如果只在日本国内销售，市场饱和之后，发展必然停滞。这样下去，公司永远无法成为像飞利浦一样的国际企业。我们必须改变观念，把出口当作一件非同小可的事情并重视起来，我们也应该要有把公司产品销往全世界的决心。我相信，假如飞利浦可以办到，我们同样可以办到。"

一个不起眼的小公司，竟然想把产品销往世界各地。很多人会说，这是痴心妄想。但许多的成就和成功，就是从不切实际的妄想开始的。40年后，索尼和飞利浦这两家同是来自于穷乡僻壤的公司携手合作，研发出一系列的高科技产品，从标准型的便携录音机到家庭音响、镭射唱片，都是他们智慧的结晶。

梦想会变成现实，但前提是脚踏实地、全力以赴地为之奋斗。盛田昭夫奋斗的第一步，就是收音机。

第四节 "联合国大厦收音机"

> 本来无望的事，大胆尝试，往往能成功。
>
> ——莎士比亚

盛田昭夫从欧洲回来后不久，东京通信工业公司就取得了晶体管的专利权。他和井深大都觉得，既然要制造晶体管，就要生产人人都需要、人人都买得起的产品，否则就失去了意义。然而，到底什么是人人都需要、人人都想买的产品呢？盛田昭夫和井深大都一头雾水。

盛田昭夫和井深大讨论来讨论去，觉得收音机是最好的选择。东京通信工业之前最成功的产品莫过于磁带录音机，而磁带录音机自从政府开放了广播电台之后，才大卖特卖。现在无论是政府还是民间的广播电台都越来越多，那么收听广播的人也会越来越多。目前人们使用的收音机都是用真空管制成的，但是真空管体积大，声音也不够纯正。因为体积大，所以耗电量也大，电池只能使用4个小时左右，而晶体管的传导性要比真空管好，体积也小。如果能用晶体管取代原有的真空管制造收音机，一定能够得到消费者的青睐。

目标一旦确定，盛田昭夫和井深大两个人马上付诸行动。他们在公司内部挑选了相关方面的技术人员，组成晶体管开发小组。盛田昭夫对小组成员说："商场如同战场，分秒必争。我们必须加倍努力，尽快地发明出晶体管收音机来。"

虽然当时的东京通信工业还是个小公司，虽然只有5000万资金，虽然他们之前对晶体管一窍不通，但公司上下都信心满满，摩拳擦掌，准备大干一场。

要想制造收音机，必须要用高频率的晶体管。所以，晶体管开发小组的第一步是改造晶体管。

贝尔实验室研制成功的晶体管是在一片锗的两边涂上铟，形成"阳极-阴极-阳极"的组合。但是盛田昭夫他们觉得，负电子的移动速度比正电子快，所以如果倒转两级，变成"阴极-阳极-阴极"的组合，就能得到较高较快的电波。

但是用什么材料代替铟作为阴极呢？他们想到了磷。可马上就有人说，"贝尔实验室早就尝试过磷，但却失败了。美国的技术水平比日本不知高出多少倍，他们都失败了，何况咱们呢？"

听到这番话，所有人员都放弃了磷。但是却有一位技术员，不肯就此罢休，继续尝试"磷胶法"。他用了很多磷，试验了无数次，终于看到了一线曙光。于是他在一次会议中发表了他的实验报告，他的报告被当时晶体管开发小组的负责

人——江崎玲奈博士看好，鼓励他继续尝试。

这一发现，仿佛给整个小组打了强心剂，大家都重拾信心。就在晶体管开发小组打算再接再厉时，不幸的事情又发生了。

实验才开始6个月，盛田昭夫和井深大在设备上的投资就将近1亿日元了。这远远超过了他们公司的全部资产，他们为了让实验继续进行下去，只能向银行贷款。为了保密，他们对银行说，因为磁带录音机销量很好，所以想要贷款扩大生产。

世上没有不透风的墙，银行本来就对他们不停贷款有些怀疑，后来听说在开发晶体管，还屡次失败，就决定停止贷款。

盛田昭夫和井深大听到这个消息，大吃一惊。虽然他们俩谁也不知道成功制造收音机需要多长时间、需要多少资金，但他们必须孤注一掷，咬牙坚持下去，绝不能半途而废、知难而退。他们马上赶到银行，花了3个小时向行长说明晶体管的原理和前途，磨破了嘴皮子，不知说了多少好话，终于说动了银行负责人，获得了贷款。

有了银行贷款，实验才能顺利进行。但最后能不能成功，谁的心里都没底儿。那一段时间，盛田昭夫愁得夜里翻来覆去睡不着，睁着眼睛到天亮。但他和职员们在一起的时候，总是从容淡定、神采奕奕的样子。

一年之后，磷胶法经历了无数次的试验后，终于成功了。这一发现，让贝尔实验室也大吃一惊。他们做梦都没想到，他们宣告失败的磷胶法居然被一个小公司研究成功了。更令美国人瞠目结舌的是，在实验中晶体管小组负责人江崎玲奈博士发现了隧道两极体效果，获得了1973年的诺贝尔奖。

1954年5月，盛田昭夫他们终于改造成功了第一个晶体管，晶体管小组开始制作样品。一开始，一百个成品中，只有五六个能用，成品率仅有5%。但盛田昭夫和井深大下令开始生产。

周围的人，包括晶体管开发小组的成员都不同意他们的决定，认为他们太草率。在成品率如此低的情况下大批量生产，损失太大了，但盛田昭夫和井深大却坚持己见。

盛田昭夫对同事们说："依我看来，5%的成品率并不算低。因为只要制造出一件来，通过不断的摸索，成品率一定会逐渐提高。生产得越多，成本就越低，利润就越多。如果迟迟不投入生产，就会错过商机，投入生产得越晚，我们的损失就越大。"

就这样，东京通信工业公司开始大批量生产晶体管。事实也的确如他们预想的一样。晶体管的成品率在生产过程中不断提高。1954年底，他们在晶体管展览会上展出的晶体管和试制的收音机、助听器吸引了众人的眼球。晶体管改造成功后，他们又面临着另一项挑战。因为他们要设计小型的收音机，也必须重新设计与之相匹配的小零件。盛田昭夫好不容易才找到一家小公司为他们生产零件。

和创造世界名牌的人

一起放飞梦想

1954年12月，就在他们打算大批量生产收音机时，一个噩耗从美国传来。美国一家电机制造厂宣布他们生产出了世界上第一台晶体管收音机。这个消息对追求"世界首创"的东京通信工业公司来说，犹如晴天霹雳，让他们措手不及。

更让他们难过的是，这台"世界首创晶体管收音机"是美国公司从别的公司买来的不合格的晶体管组装的成品，和东京通信工业公司完全靠自己的技术力量研制成功的收音机有本质上的区别。即使这样，盛田昭夫和井深大也只能是哑巴吃黄连，有苦说不出。

不服输的盛田昭夫和井深大并没有一蹶不振，相反地，他们被激起了斗志。他们心想："看谁笑到最后。"他们和晶体管开发小组的所有成员都卯足了劲儿，加班加点地工作。他们发誓，一定要生产出比美国货更好的产品来。

功夫不负有心人。1955年1月，东京通信工业公司终于研究出日本第一台晶体管收音机——TR-52型收音机。由于TR-52型录音机的外形很像联合国总部大厦，因此被人们昵称为"联合国大厦收音机"。有了"联合国"，晶体管开发小组的所有成员终于可以扬眉吐气了。他们不仅为自己争了一口气，也为自己的国家增光添彩。

更让盛田昭夫高兴的是，那家美国公司虽然生产出"世界首创晶体管录音机"，却认为这种产品不会畅销，因此既没有下力气做宣传，也没有不断完善产品，所以销量并不好。这对于东京通信工业来说，是个机会。盛田昭夫下令工厂立即开工，但刚生出100多台，盛田昭夫却下令停产了。

第五节　10万台订单的诱惑

> 人应该进行超越能力的攀登，否则天空的存在又有何意义？
>
> ——罗·勃朗宁

刚生产100多台"TR-52型"收音机，盛田昭夫就发现了"联合国大厦收音机"的致命缺陷。

收音机外壳的塑料容易脱离原位，还卷曲变形。质量是企业的生命，盛田昭夫命令工厂马上停工，并且组织技术人员重新开发产品。在研究过程中，东京通信工业制造了印刷电路，克服了晶体管原材料利用率不高并且带有碎渣的毛病。

1955年8月，"TR-55型"晶体管收音机问世，它不仅在设计上焕然一新，而且还增添了许多新的功能。盛田昭夫决定大批量地生产"TR-55型"收音机，但在公司内部却引起了争议。要知道，当时人们普遍使用的还是电子管收音机，电子管收音机在世界范围内的普及率达到74%，那么所剩的市场份额少之又少。加上东京通信工业公司还没什么名气，消费者对晶体管收音机又不了解。如果一开始就大批量生产，无异于拿公司的前途冒险。

面对质疑，盛田昭夫说："74%是以家庭为单位的普及率，我们的产品是面向个人销售的，市场必然会扩大，而且市场占有率是会发生变化的。我相信，只要我们用尽全力开拓市场，我们的收音机绝对能越卖越好。生产得越多，晶体管的技术就越成熟，我们的产品质量就会越好，价格也有可能降低，那么买的人就会越来越多。"

在盛田昭夫的鼓励下，员工们对晶体管收音机都充满了信心，但结果却让他们很失望。"TR-55型"收音机销量并不好，和磁带录音机一开始的情形差不多，一台都卖不出去。就在销售员万分沮丧时，一个穿着橡胶斗篷、橡胶裤子的中年人来到了柜台。他从兜里掏出一把皱巴巴的钱，买下了第一台"TR-55型"晶体管收音机。对第一个买主，销售员大吃一惊，赶紧问这位大叔是干什么的。

这位中年人说："我是渔船的船主，在海上工作，每天风里来雨里去。在海上工作就是赌命，一旦发生危险就无处逃生。所以必须用广播收听天气情况，不敢有半点闪失。之前我用的收音机，一遇到海水就罢工，听说你们的东西和别家的都不一样，想买一台试试。"

销售员说："您放心吧。你之前用的是电子管收音机，

一遇到海水里的盐分就不能收听广播了。我们的是晶体管收音机，它不怕盐分，寿命长着呢！"

一传十，十传百，渔民们竞相购买晶体管收音机，这给东京通信工业公司带来了信心。晶体管开发小组振奋精神，不断推陈出新，研究出一系列备受消费者喜爱的晶体管收音机。

1955年9月，晶体管开发小组开发出小型耳机式收音机"TR-2K型"。10月份，他们推出了耳机式超级收音机"TR-33型"。12月份，他们再接再厉，研制出"TR-72型"便携式晶体管收音机。在他们不懈的努力之下，晶体管收音机逐渐被消费者认可。

"TR-72型"收音机问世不久，就好评不断。《生活手册》上评价它：使用方便；调台随意；电池一年仅更换一两次；在任何地方都保持悦耳动听的声音，没有任何杂音。

"TR-72型"收音机成为东京通信工业公司创建以来的第一个抢手产品。但盛田昭夫他们并没有就此满足，他们在1956年又开发出"TR-73型"收音机。"TR-73型"收音机的神奇之处在于，即使停电，也不会影响使用。这在当时还没有任何一家公司可以做到，可以说，东京通信工业公司在收音机技术上已经遥遥领先。

1956年，东京通信工业公司成立10周年，他们硕果累累，生产的晶体管收音机被抢购一空。为此公司在4月份扩大生产规模，建了收音机组装工厂，满足市场需求。

他们的产品不仅风靡国内，更享誉国外。在创业十周年那一天，东京通信工业公司推出了轻薄小巧的"TR-6型"收音机。这种收音机登上了美国的《大众科学》封面，获得了美国市场的好评。

就在盛田昭夫打算开发美国市场时，发生了一件让他终身难忘的事情。也是正是因为这件事情，诞生了"SONY"。

1955年2月，盛田昭夫为了推销公司的产品只身前往美国，他的手提包里装着刚刚试制成功的"TR—52型"收音机。

最初的销售虽然很辛苦，但他成功地推销出1000个麦克风和广播用的小型收音机。可是，另一件他们的主打产品——晶体管收音机却无人问津。

盛田昭夫不明白，29.5美元的收音机价格已经很便宜了，为什么卖不出去呢？美国的朋友对他说："这么小的收音机，美国人连看都不看，怎么卖得出去呢？"但盛田昭夫却不信邪，他在各种场合以各种方式不厌其烦地介绍晶体管收音机的好处。

就在这时，美国著名的钟表制造公司——希罗瓦公司找到了盛田昭夫，表示愿意以29.5美元的价格订购10万台这样的小型收音机。

10万！盛田昭夫大吃一惊。要知道，他们从来没有接到过这么大一笔订单，远远超出了东京通信工业公司的生产能力。

就在盛田昭夫惊魂未定时，对方又开出一个条件。

希罗瓦公司的负责人说："这批收音机必须使用希罗瓦公司的商标。"看到盛田昭夫神色不悦，他继续说道："这件事对我们双方都是件好事情。你也知道，你们公司的名字在美国无人知晓，我们公司的知名度相对高一些，以我们的名义卖得会更好。你们坐享其成难道还不满足吗？"

看到西瓦罗公司负责人一副盛气凌人的样子，盛田昭夫心里很不痛快。但他并没有表现出来，而是客气地笑了笑，说道："谢谢您的好意，但公司不是我一个人开的，我回去和总部的人商量一下再给您答复吧！"

回到宾馆之后，盛田昭夫思前想后，决定拒绝西瓦罗公司的苛刻要求。他当即给井深大发电报说："接到了10万台订货，但要用他们的商标，我准备拒绝。"

井深大收到电报后，马上回电："10万台订单太可惜了，商标怎么都行，答应他们吧！"

看到井深大的回复，盛田昭夫十分沮丧。两个人自从创办公司以来，第一次发生分歧。于是再一次发电说："想拒绝。"公司对此议论纷纷，一时间并未给出答复。

这时候，希罗瓦公司又开始催盛田昭夫签合同，盛田昭夫没办法，只好给井深大打电话说："井深君，我觉得不能用别人的商标。虽然我们公司小，但绝不能受制于人。况且，我们公司目前根本无法完成10万台的订单。不能完成订单，我们

要付巨额的违约金，而要完成订单，就必须招工、扩建，这都需要一笔很大的资金。如果在希罗瓦公司后，我们没有10万台这样的订单，我们的公司就会因此负债累累而破产。相信我，这笔订单，我们捞不到好处，反而落下了冒用别人商标的坏名声，得不偿失。"

听了这番话，井深大也改变了主意。第二天，盛田昭夫到希罗瓦公司表达了自己的意见。一开始，希罗瓦的负责人还以为他在开玩笑。他们说什么也不肯相信，一个小公司居然会拒绝这么大一笔订单。

希罗瓦公司的老板说："我们公司可是有50年历史的大公司，产品畅销全世界。你们的公司在美国谁也不知道，利用我们的商标对你们来说，百利而无一害，何乐而不为呢？"

盛田昭夫听了，也笑着说："50年前，贵公司也是默默无闻，不是同我们一样吗？现在，你们也不过时间上比我们早了一步而已，并没有什么了不起。今天我们拒绝你们的订单，50年后我们并不会比你们逊色多少，我们的商标一定会出现在世界各地。"

事实胜于雄辩，盛田昭夫经过此事，意识到了商标的重要性。1958年，东京通信工业公司更名为索尼股份公司，印着"SONY"商标的磁带录音机、收音机、摄像机等产品出现在世界各个地方。可以说，正是这10万台订单，才有了后来的"SONY"。

第六节 何为"SONY"

即使在人生中，也和国际象棋一样，能聪明地预见的人才能获胜。

——巴克斯顿

盛田昭夫去美国谈判时，看到很多美国公司都用英文字母作为商标，比如ABC、NBC、BBC，另外也有公司把商标和品牌连在一起的，比如凯迪拉克（Cadillac）以皇冠作为标志。看到如此简单的公司名称和商标时，他就想，东京通信工业公司实在太绕口了，翻译起来更加难懂，难以让人过目不忘。如果东京通信工业公司想把产品出口到世界各地，得给公司改名字才行。

毅然拒绝希罗瓦公司的10万台订单后，让盛田昭夫更加清楚，要实现走向世界的梦想，必须让销售的每一个产品都带着公司的商标。最好让顾客通过商标认识公司，通过商标创造名牌效应，带来更多的消费者。他想，最好新公司的名字和商标能够一致，这样公司就不必为了打响两个名称付双倍的广告费了。

盛田昭夫马上动手设计商标。他曾经设计过一个商标：一个细圆圈里有一个倒金字塔，金字塔的边缘由小楔子切割，这个商标就像一个"T"的形状，但井深大觉得这个商标过于简单了。井深大对盛田昭夫说："商标就是企业的一面旗帜，如果能融入企业的理念或者富有寓意就更好了。"

盛田昭夫和井深大研究了很长时间，最后决定，商标和产品的名称一致，而且这个名称必须简单好记、朗朗上口。要想扩大出口，让产品在国外站稳脚，商标就必须是在全世界任何角落都能辨认的字母，而字母最多不能超过五个。

盛田昭夫只要有空闲时间就绞尽脑汁地想商标的事情，想到好的名称就写下来和井深大一起商量、比较。为了激发灵感，两个人常常像小学生一样翻字典看单词，试了上百个名称，两个人都不是很满意。

一天，盛田昭夫在不经意间看到了拉丁文"SONUS"，这个词有声音的意思，念起来也很好听。盛田昭夫想："我们公司的产品，无论是磁带录音机，还是收音机，都和'声音'有着密切的联系。为什么不用这个单词呢？"

盛田昭夫把井深大叫来，说出他的想法，井深大也很喜欢这名字。井深大说："美国的飞机大王休斯，小时候人们都叫他'SONNY'，和'SONUS'发音很相近。长大后，他接管了父亲的公司，还不断壮大，建立了休斯飞机、RKO广播电影、世界航空等大公司。更难得是，作为休斯帝国的独裁者，他本人却一点也不专横。他可是我的偶像之一呢。如果能用他的名字，我也非常高兴。"

"Sonny"，听到这个词，盛田昭夫马上联想到，当时的日本人很流行借用英语中的俚语和昵称，很多人都用"Sonny""Sonny-boy"称呼那些机灵、顽皮、可爱、活泼的男孩。他说："那就用Sonny吧，好听也好记。"

井深大也点点头，同意了盛田昭夫的提议。他们第二天就在例会上公布了这个决定。有一位经理皱着眉说："Sonny，Sonny，好像我们日本里面的输钱'sohn-nee'的读音。用这个词，不太吉利吧。"

听了这位经理的话，大家都觉得，虽然这个词按罗马字根来说蕴涵着积极乐观、欣欣向荣的意思，但从日文来说却不大吉利，不太适合用于开展一番新事业。

怎么办？用了不吉利，不用又太可惜。目前为止，"Sonny"是最符合自己和井深大的心意的了，盛田昭夫真是左右为难。

有一天盛田昭夫突然想到："干脆去掉一个字母呢？"就这样，"Sonny"变成了"SONY"，这就是索尼名称的由来。

SONY这个名称有许多好处，他满足了盛田昭夫的所有要求，四个字母，发音简单，很容易让人记住。SONY，来源于Sonus，跟声音有关，跟公司的产品有关，也跟盛田昭夫的梦想有关。更为重要的是，这个词在任何语言中都不存在，是盛

田昭夫的首创，也代表着公司的创新精神。

SONY完全用罗马字母拼写，各国人士都会认为这个词出自他们的语言，当他们一翻字典，就会惊讶地发现，自己的语言中根本没有这个词，自然会记住这个有趣的词汇。随着经济全球化趋势加快，学习英语和罗马字母的人会越来越多，那么能够记住这家公司及其产品的人就会越来越多。

公司的第一个产品商标，是用又高又细的斜体缩写字母"SONY"，字母外面加上正方形。但盛田昭夫觉得，越简单，越流行。让新名称深入人心的最佳方式，不是花里胡哨、稀奇古怪的方式，而是让名称简洁大方，容易辨认。所以他很快就把商标改成了传统而简单的大写字母"SONY"，这个商标一直沿用到今天。

1957年1月，东京通信工业公司在东京羽田机场入口处的对面，架设了第一块写着"SONY"字样的广告牌；同年的12月，又在东京的银座闹市区，架设了第二块"SONY"的广告牌，并且成为上市公司。

1958年1月，东京通信工业公司正式更名为索尼股份公司。虽然有些人对"东京通信工业公司"留恋不舍，也有人担心"SONY"过于简单，建议最好加上"电子工业"或者"电器公司"之类的字样。

盛田昭夫说："虽然我们公司目前生产的都是电器类产品，但我们绝不能故步自封，局限于电器范围内不思进取。只要是消费者喜欢的产品，我们都要生产，并且要生产出质量比别人好的产品。所以我们应该避开'电器公司'这样的字眼。"

就这样，盛田昭夫坚持己见、力排众议，确定了"索尼股份公司"的名称。自此，凡是索尼公司出产的产品，无论种类和型号都带有"SONY"的标志。

盛田昭夫的确是一位有远见的企业家。后来，"SONY"被不同国家、不同种族、不同肤色的人所喜爱，索尼不再仅仅是电器公司，它还收购了唱片公司和电影公司，大贺典雄上任后，更广泛地涉足化妆品、玩具等产业。索尼，成为盛田昭夫预想中的跨国集团公司。

SONY

第四章　走向世界

SONY

第一节 豚鼠精神

若无某种大胆放肆的猜想，一般是不可能有知识的进展的。

——爱因斯坦

盛田昭夫怎么也想不明白，索尼公司财政危机的传闻来自何处，就打算去销售部门好好看看。原来，各大百货公司都在卖一种印着"SONY"商标的巧克力。想到自己绞尽脑汁想出来的名称，居然有人冒用，盛田昭夫十分恼火。

原来有家巧克力公司也相中了这个名称，看到索尼的产品越来越受欢迎，就立刻改名，还把"SONY"注册为巧克力和零食类的商品，打算借着索尼公司的名号，招揽生意。他们把公司的名称改为"索尼食品公司"，商标也和索尼公司一模一样。不仅如此，他们还借用索尼公司的"SONYBOY"的卡通人物漫画做广告。不仅盗用，还盗用得如此彻底，盛田昭夫决定不能轻易放过这家公司。

盛田昭夫一直对专利权、商标十分重视。他觉得，商标不仅代表着产品，更代表着公司，是公司的生命。这家巧克力公司想要不劳而获，窃取别人的劳动果实，简直就是强盗行径。对这种强盗行径，盛田昭夫绝不能视若无睹、任其放肆。如果听之任之，让这些巧克力继续在市场上销售，将会彻底破坏人们对索尼公司的信任。他决定立即向法院起诉，控告这个冒牌的巧克力公司。

为了更有说服力，盛田昭夫找来许多娱乐界的知名人士和批评家来证明索尼公司已经受到伤害。有人说，索尼巧克力的出现，说明索尼公司发生了财政困难，所以才改卖巧克力的。还有人说，因为索尼是个科技公司，所以这种巧克力一定是某种高科技产品。这些证词都说明，巧克力公司在某种程度上，借助盗用索尼公司的商标和信誉谋取不正当利益。

巧克力公司想要证明人人都可以使用这个名称，为此，他们翻阅了所有资料和字典，但无论如何都没有找到"SONY"这个词，最后只好铩羽而归。盛田昭夫早就料到，他们是找不到"SONY"这个词的，因为这是他自己创造的，是世界上独一无二的。

这个案件一拖就是4年，但索尼公司最终胜诉。在这个案件中，日本法庭第一次引用"不正当竞争法"。这场官司，不仅维护了索尼的商标权，还扩大了索尼的影响，同时让盛田昭夫和所有原来反对使用新名称的公司员工们都对"SONY"热爱起来。

在索尼公司成立35周年时，索尼公司举办了一项商标设计大赛。他们收到了数以百计的设计图，但也有许多人建议他们不要更改商标。最后，盛田昭夫决定，还是使用"SONY"这四个字母，不再更改。

解决完商标诉讼案后，盛田昭夫终于松了一口气，专心致志地经营公司。虽然索尼还是个小公司，但市场认可度越来越高，业务越来越多。索尼不断推出市场上从未有过的产品，比如磁带录音机、晶体管收音机和晶体管电视机等，因此索尼逐渐赢得了科技先锋的美誉。

日本著名的评论家大宅壮一在报刊专栏《日本的企业家》中对索尼公司赞赏有加，他写道："在经济萎靡的今天，东京通信工业公司的股票持有者能按60%分红，利润是资本总额的75%。这在日本是极为罕见的。"

大宅壮一是日本有名的评论家，因敏锐的观察力和辛辣的笔锋著称。得到如此刻薄的人的赞赏，盛田昭夫心里沾沾自喜。然而没等他高兴多久，大宅壮一的态度来了180度大转变，居然在同一栏目中，讽刺索尼不过是个"豚鼠"。

1958年8月17日，大宅壮一在《日本的企业》中说："在晶体管方面，索尼曾经居日本首位，但后来其他公司却后来居上。现在东芝的产量几乎是索尼的两倍。东芝认准晶体管能够盈利，就不断在晶体管的研发上投资，而首创晶体管收音机的索尼反而赢得了极少的利润，沦为东芝做实验的'豚鼠'……"

见风使舵、出尔反尔本来就是批评家常干的事情，大宅壮一也不例外。而且他缺乏专业的技术知识，把规模小的索尼公司比喻成实验所用的"豚鼠"，只为了吸引读者眼球，并非恶意。但这个信手拈来的比喻，还是让盛田昭夫暗自不爽。

盛田昭夫尚能保持冷静，但索尼的员工，尤其是夜以继日地研发新产品的技术人员却被"豚鼠"这个比喻激怒了。他们千辛万苦，完成了磁带录音机和晶体管收音机的创造，他们正沉醉于自己的成就沾沾自喜时，竟然被人说成微不足道的豚鼠。太过分了！难道我们的作用就是当实验品，然后让别人坐享其成吗？

索尼公司里血气方刚的年轻人，怒不可遏地攻击大宅壮一和《日本企业家》这个栏目，还怂恿井深大采取强硬措施，让大宅壮一在报纸上公开向索尼公司赔礼道歉。但盛田昭夫却没有采用这种不理智的做法，还耐心地劝阻井深大和技术人员，平息他们的怒火。

盛田昭夫对井深大说："我们要和新闻界的红人、报纸的主编进行论战，既花费时间又浪费精力。他们整日里舞文弄墨，和他们争辩，取胜的可能性微乎其微。战胜谬论的最好方法就是走自己的路，让别人说去吧！"

井深大肺都要被气炸了，哪考虑到那么多，他说："大宅壮一实在太过分了，我们绝不能忍气吞声，这口气吐不出来，我在员工面前都直不起腰来。"

盛田昭夫说："虽然他的做法让人生气，但也说出了一些我们没有注意到的现象。每当我们推出一项新产品，大公司就会静观其变。如果我们的产品成功了，他们马上推出类似的新产品，我们变成了他们的垫脚石。随着我们的成功率越来越高，他们观察和等候的时间也越来越短。以前我们经常独享市场一年以上，其他公司才会投资该项产品，现在只能领先3个月。他们不费任何力气，就可以享受我们的创新成果，而我们在某种程度上，的确成了他们的棋子。大宅壮一说我们是'豚鼠'也不无道理，而我们如果和他纠缠下去，闹得满城风雨、尽人皆知，外界或者认为我们心胸狭隘，或者觉得我们心虚，无论哪种结果都对我们没有任何好处。况且换个角度想，'豚鼠'这个称号，不仅是实验品，也是第一个成功的先驱者。我们何不把'豚鼠'称号当作'先驱者'的称号坦然接受呢？"

井深大冷静下来，仔细思考了一会儿，觉得盛田昭夫说的很有道理。所以对公司的员工说："豚鼠有什么不好？他是第一个获取成功的先驱者。"在公司外部，盛田昭夫和井深大也对同行们说："我们公司心甘情愿当同行业中的豚鼠，以开拓者、先驱者为己任！"言外之意，索尼公司是领先于大企业的开拓者，愿意与同行一起分享自己的科技成功，愿意不计得失地为日本电子产品产业奋斗。

经过盛田昭夫的宣传，公司内外不再把"豚鼠"当作牺牲者的角色，反而把它当作"开拓者""先驱者"的象征，公

司员工对此自豪不已。盛田昭夫和井深大甚至一度考虑是否把"SONY"的商标改成"豚鼠"的形象。

"豚鼠"不仅没有给索尼抹黑，反而为之增光添彩，"豚鼠精神"也逐渐成为了"索尼精神"的代名词。

通过豚鼠风波，盛田昭夫意识到了企业文化的重要性。为了弘扬索尼的开拓创新精神，他特地写了《索尼精神》这篇文章，放在企业内部宣传的公司指南和公司手册中。

盛田昭夫在文中写道："索尼是开拓者，它的窗口总是朝向未知的世界，并充满了蓬勃的朝气。面对人们所不愿意做的工作和问题，索尼人从不逃避。他们敢于尝试、勇于进取，不断超越自己，创造奇迹。从新产品的开发到生产和销售，他们始终富有创造性。索尼人真正的喜悦，就在于不断进步、不断创新。开拓者索尼把激励人、信赖人、不断开拓能力的极限，当作索尼的生命。"

盛田昭夫总结索尼精神就是：做别人不愿做、不敢做的事情；永远比别人领先一步；发挥最高的技术优势；凝聚创意；立足世界。

1958年，索尼公司硕果累累，是当之无愧的"开拓者"。继首创晶体管收音机后，他们加大研发力度，相继开发了12个品种，1958年又增加了6个品种，其中包括世界第一台带钟表的家用收音机。

1958年6月，索尼晶体管研发小组的负责人——江崎玲奈发现的"隧道效应"获得晶体管发明者的高度赞赏。索尼公司因培养出如此杰出的科学家而备受瞩目。

1958年，索尼成功研制出日本最早的四磁头录像机。也就是在1958年，索尼公司开始研究硅，开始研究晶体管电视机，进而创造了索尼的另一个奇迹。

索尼公司用实际行动告诉世界，它在晶体管、收音机制造技术上遥遥领先。技术领先，成为索尼的特色，也成为索尼成功的秘诀之一。但仅有技术领先是不够的，索尼的第二个法宝就是出口。

第二节　另类的报价单

> 经得起各种诱惑和烦恼的考验，才算达到了最完美的心灵健康。
>
> ——弗·培根

索尼公司虽然规模小，但盛田昭夫却不只满足于日本国内市场。从参观飞利浦公司后他就认识到，如果不在出口上做文章，索尼永远实现不了他和井深大的目标——跨国公司。

对索尼来说，出口不仅是发展的关键，也是生存的关键。日本国内除了人力资源外，没有任何丰富的自然资源。企业要想生存，就必须出口。

日本的消费者常常钟情于一个品牌后就不轻易更换。作为刚起步的公司，索尼必须花大力气在品牌的宣传上，这样才能和老牌子竞争。他们把公司的标志"SONY"印在显眼的位置上，无论哪一种产品，他们都把商标印在上面。希望通过产品本身的宣传，提高公司的知名度。"SONY"的商品、公司、产品的三位一体，帮了他们不少忙。经过一番苦心经营，索尼公司逐渐在国内站稳脚跟。经过国内竞争的苦战，盛田昭夫和许多企业都把目光转到了出口贸易上。

此外，索尼公司致力于生产品质优良的高科技产品。这种高科技产品必然售价不菲。所以索尼公司需要一个富裕的市场，更确切地说，是一个富裕而先进的国家。1958年，也就是索尼推出小型收音机的第二年，只有1%的家庭有电视机，5%的家庭有洗衣机，0.2%的家庭有电冰箱。可见日本当时的落后，也可以想象索尼的高科技产品在国内市场上销售的艰难。即使这样，盛田昭夫也并不气馁，他相信自己的公司在对外贸易上更加有优势。

1957年4月，索尼生产出TR-63型收音机。这台收音机高11.2厘米，宽7.1厘米，厚3.2厘米，是当时世界上最小的收音机，盛田昭夫为他取名"袖珍型收音机"。

在制造TR-63型收音机时，盛田昭夫和井深大的要求是

"必须能够放进衬衫口袋里"。可是，生产出来的产品要比一般衬衫的口袋大。盛田昭夫决定：订制衬衫。订制的衬衫口袋要比普通衬衫大一些，他带领工人们穿着订制的衬衫出去推销。虽然袖珍型收音机售价13800日元，相当于普通职员一个月的工资，但这种标新立异的做法以及袖珍型收音机的精致小巧，使得它成为了热门商品。

由于袖珍型收音机在日本国内获得了极大的成功，盛田昭夫对出口信心倍增，决定把这一产品销往国外。经过考察后，盛田昭夫把美国锁定为目标市场。因为当时的美国经济繁荣，就业率高，美国人对新鲜事物充满了好奇心，美日之间的交通也比之前发达许多。

出口并非易事。在发达的欧美国家里，大多数人都把日本和纸伞、和服、廉价的小饰品联系在一起。第二次世界大战之前任何一种标示"日本制造"的出口产品，形象和质量都十分糟糕。高品质的日本产品，国外几乎闻所未闻。

盛田昭夫担心"日本制造"的不良印象会影响袖珍型收音机的销售。他决定尽量避免突出"日本制造"，免得产品还没有机会一展身手，就立即被封杀。他命令工人在出口的袖珍型录音机中尽量把"日本制造"印得小一些，还吩咐工厂说"越小越好"。有一次，由于"日本制造"印得太小了，根本看不清楚，美国海关要求他们必须印得大一些才放行。

盛田昭夫身先士卒，只身带着袖珍型录音机来到了美国。他四处奔波，巡回拜访了可能销售的零售商。他本来信心满满，以为袖珍收音机在美国同样会受到追捧，没想到结果却出乎他的意料。零售商们对他说："你们为什么要制造出这么小的收音机呢？我们美国人有大房子、大房间，都喜欢大收音机，这种小不点是没人会喜欢的。"

盛田昭夫却不这么想。他说："你说的有道理。美国房子都很大，家庭中的每一个成员都有自己的房间。纽约市有20多家电台。如果大家能在自己的房间里用这种小收音机听自己喜欢的音乐，而不会吵到别人，难道不是一种享受吗？别看这种收音机的外形小，但收听效果却非常棒，肯定会有很多人喜欢的。"

很多人都觉得盛田昭夫说的有道理，还有公司想要订货。但无论对方的条件有多诱人，盛田昭夫始终坚持一个原则：产品上要使用"SONY"的商标，绝不为别的公司代工。

盛田昭夫绝不代工的事情，很快就在美国商家中广为流传。一个美国商人好奇地前来拜访盛田昭夫，当盛田昭夫展示了袖珍收音机后，他非常有兴趣。他告诉盛田昭夫说："我对你们的小收音机很有兴趣。我有150家店面，需求量很大。请您提供一份数量为5000台、1万台、3万台、5万台、10万台的报价单。"

听这位美国商人这么说，盛田昭夫激动万分。他心想："如果接到这个订单，我就可以弥补当初拒绝代工的损失了。"

盛田昭夫回到旅馆，吃过晚饭后，激动的情绪渐渐平复，他开始思考报价单的事情。

盛田昭夫想，公司规模虽然比创业时期扩大了，但就目前的实力而言，实在无法轻松完成如此大的订单。现在公司每月的产品不足5000台。假如接下10万台的订单，就要雇佣、训练更多的员工，要买更多的生产设备，要为这笔订单巨额投资。如果把这部分投资算作生产成本，加价到商品中，那么5万台收音机的价格会超出5000台，10万台超出的会更多。

另外雇员的问题也不能小觑，在日本不可能有订单就雇佣员工，没有订单就解雇职员。日本的公司与员工之间有着终身的承诺，员工对公司也是如此，除非公司破产，否则不会轻易跳槽。所以为了一张订单就盲目扩大生产规模，风险实在太大了。

怎么办？盛田昭夫不想错失良机，但也不能按照商家预想的那样，定的越多越便宜。思来想去，他拟定了一份特别的报价单。

第二天，盛田昭夫带着报价单去找那位客户，客户看完报价单，一脸难以置信的表情。他对盛田昭夫说："盛田先生，我做了30年的采购商，从来没有见过这样的报价单。为什么数量越大，价格越高呢？不是生产得越多越便宜吗？这太不符合常理了！"

盛田昭夫耐心地向客户解释来龙去脉，客户听完之后，恍然大悟，然后定了1万台袖珍型收音机。

由于袖珍型收音机价格合理、携带方便，而且灵敏度高，耗电量仅仅是普通收音机的一半，所以在美国市场上十分畅销。特别是临近圣诞节的11月下旬，袖珍型收音机在美国出现了供不应求的场面。为了满足美国市场的需求，索尼公司专门包了一架专机送货到美国。

这时的索尼已经今非昔比，员工从原来的36人扩大到1200人。资本总额从原来的19万日元增加到9亿日元。

更重要的是，通过"SONY"的商标，美国人开始了解索尼公司，开始意识到"日本制造"不仅仅是廉价的、糟糕的小玩意儿，战败后的日本也能够生产出质地优良并且科技含量高的电子产品。

盛田昭夫第三次赴美时，同阿尔劳德公司签订了长期的销售合同。该公司借助德尔莫尼克公司在美国、加拿大等国家强大的销售网络来销售索尼的产品。经过它的市场推广，索尼的产品不仅畅销全美，还打入了加拿大、欧洲的市场。

回想一下，如果当初盛田昭夫为了眼前利益，为了10万台的订单，使用别人的商标，也许就不会有日后举世闻名的"SONY"；如果盛田昭夫为了取悦客户，为了订单扩大生产，也许索尼不久就会破产。虽然盛田昭夫说："我做生意的经验并不丰富，只是运气好罢了。"但从他的两次抉择中，我

们看出，正是因为他的冷静果敢、深谋远虑，索尼才能在美国赢得市场。所以盛田昭夫也告诫年轻人："如果你一味地赚钱，就丧失了未来的机会。"

第三节　索尼在美国

> 人生不是一种享乐，而是一桩十分沉重的工作。
>
> ——列夫·托尔斯泰

首战告捷后，盛田昭夫对于出口信心倍增。他经常在美国和日本之间来回奔波。

1958年，发生了一起让盛田昭夫哭笑不得的盗窃案。当时盛田昭夫借助于德尔莫尼克公司销售产品。1月份的一天，有四五个男人从二楼进入德尔莫尼克公司的仓库，偷了4000多台索尼的袖珍型收音机。

在美国盗窃案件并不少见，但纽约当地的报纸却对此事大肆渲染。原来，德尔莫尼克公司的仓库里不仅存放索尼的产品，还有其他公司的产品，但小偷们却只钟情于索尼的产品。索尼的收音机，他们一件不留地搬空了，其他家公司的产品他

们却一件都没拿。

通过报纸的报道，索尼一夜成名。虽然损失了4000台收音机，却省了广告费。小偷们不仅帮索尼制造了不同凡响的宣传效果，也从侧面证明了索尼产品在美国的受欢迎程度。

但随着索尼产品的畅销，索尼同德尔莫尼克公司的矛盾却越来越多。其实他们的矛盾由来已久，盛田昭夫想尽可能地开拓市场，但德尔莫尼克公司就想以利润高的纽约为中心进行销售，对开拓市场并不感兴趣。他们还只挑好卖的产品销售，对不太看好的产品他们就置之不理，对售后服务也不用心。

更让盛田昭夫难以接受的是，德尔莫尼克公司对产品的质量并不关心，经常要求索尼生产廉价的收音机。虽然盛田昭夫屡次声明，索尼绝不会为了赚钱自毁形象，制造品质低劣的产品，但他们还是不管不顾。

日积月累的各种矛盾终于爆发。1959年底，索尼公司成功研制出世界上第一台晶体管电视机。德尔莫尼克公司还没和索尼协商好，就对外宣布他们是索尼电视机的销售公司。当时索尼公司内部还没有决定何时推广电视机，更没有定下向美国出口的时期，这让盛田昭夫很不高兴，况且盛田昭夫根本就不想把电视机的代理权交给德尔莫尼克公司。

从以往的经验来看，德尔莫尼克一定会把晶体管电视机当作廉价商品出售，而盛田昭夫认为，索尼的产品形象应该是有卓越品质的，而且索尼与德尔莫尼克公司的合约上，根本就没有晶体管电视机销售这一项。他们单方面地决定这件事，显然是违法行为。

　　盛田昭夫痛下决心，要和德尔莫尼克公司分道扬镳，德尔莫尼克公司当然不同意。他们提出，索尼公司要出30万美元的赔偿金，他们才同意结束合作关系，但盛田昭夫态度强硬，他们只好逐渐降低数目。经过讨价还价，终于以7.5万美元的代价中止了合作。

　　7.5万美元，再加上2.5万的律师费，一共10万美元。这对索尼公司来说，不是一笔小数目，但盛田昭夫决定，一定要不计代价地中止合约，否则，索尼将损失更大的利益。他甚至接受了买回德尔莫尼克公司仓库里的3万台收音机，作为和解的条件。

　　3万台收音机对于索尼一年的销售量来说算不上什么，但盛田昭夫没想过实际工作量，所以也没有雇人来帮忙，算上他自己，一共才5个人。当德尔莫尼克公司装载3万台收音机的卡车停在他们租用的仓库门口时，这3万台在盛田昭夫眼里，简直像一座大山。

　　2月份的纽约，天气还有些冷。盛田昭夫等人套上工作服，从上午一直搬到第二天凌晨4点才搬完，把几大卡车的收音机搬完，5个人全都精疲力竭。仓库管理员可以回家休息，他们还得守在仓库里。

　　凌晨时分，盛田昭夫拖着疲惫的身体，又去仓库盘点了

一次货物。回来的路上，不小心碰到了防盗报警器，等警卫赶过来，看到几个人正在疲惫地喝着咖啡，感到匪夷所思。盛田昭夫解释说，自己是公司的主管。警卫看到他脏兮兮的衣服，根本就不相信他说的话，直到联系到仓库的负责人，打开保险箱，拿出公司的文件，警卫才勉为其难地相信了盛田昭夫说的话。

通过与德尔莫尼克公司的纠纷，盛田昭夫意识到出口产品的销售有多重要。当时，在美国做生意的日本人，都依靠在美国的日本贸易公司销售，盛田昭夫也不例外。索尼的产品进入美国后，先把产品交给有经验的日本贸易公司，由他们负责装船运往美国码头，再由美国分公司办通关、提货的手续。手续办完后再到分销公司，然后产品从分销公司再到批发商、零售商那里。如此复杂的销售模式，耗费了许多时间，而且层层盘剥后，到消费者手中的产品价格往往是出厂价格的两三倍。更重要的是，没有任何一家经营公司真正地了解索尼的产品、索尼的理念，他们所看重的只是索尼产品的利润，而不是索尼公司的发展。

权衡利弊，盛田昭夫决定设立美国索尼公司，建立独立的销售体制，他对井深大说了自己想法。他说："现在索尼的产品有一半以上都销往美国，美国已经成为我们最重要的市场。尽管我经常去美国，也积累了一些和美国人做生意的经验，但如果我们想在美国站住脚，就需要更进一步地了解美国人的生活和想法。成立公司后，我们就无需依赖美国的贸易公司，建立自己的销售网络，自己销售产品，这样会比别人更加尽心尽力。"

井深大虽然知道在美国设立分公司是件好事情，两个人从公司创立开始，遇事总会互相商量，想到以后没了左膀右臂，总觉得不太妥当。他说了心中的顾虑："你现在是公司的副社长，要是长期呆在美国，恐怕有些不太合适吧。况且建立独立的销售网络并非易事，连东芝、日立、三菱这些大公司都没有自己的销售公司啊！"

盛田昭夫听了之后，也觉得井深大说的有道理，但他决心已定，他沉思片刻，想出了解决的办法。他说："现在的我，总是在东京和纽约之间来回奔波，在美国和日本停留的时间都不长。即使成立美国索尼公司，我一个月至少也会在日本呆上一个星期的，我向你们保证。至于独立的销售网络，对我们来说势在必行，我们与德尔莫尼克公司的决裂充分证明了这一点，而且我们盛田家的所有产品都是独立销售的，几百年来从未变过，销售得也很好。实践证明，只有销售自己的产品，才能销售得更好，才能发展得更好。"

经盛田昭夫这么一说，井深大再也找不出反对的理由，只好同意了在美国成立索尼公司的计划。这个计划的负责人，非盛田昭夫莫属，所以，从1959年年初，盛田昭夫就着手筹建美国索尼公司。

和创造世界名牌的人

一起放飞梦想

Let the dream fly

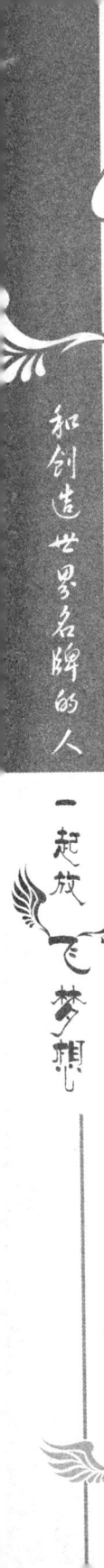

纽约事务所的人选，盛田昭夫心中早有定数，那就是山田志道。从盛田昭夫第一次去美国开始，就屡次受到山田的关照。山田长期在美国生活，精通英语，为人正直，是盛田心中的不二人选。

没想到，就在盛田昭夫起草美国索尼公司的计划书时，山田因为心绞痛不幸去世。他的去世，让盛田昭夫悲痛不已，计划也被打乱。后来，盛田昭夫又想到了自己的中学同学——铃木。三番五次的劝说下，铃木从丰田辞职，到索尼公司担任出口部的主管。

1960年1月，铃木刚结婚不久，盛田昭夫第一次带铃木去美国。临行前，铃木的新婚妻子再三叮嘱盛田："一定要早点回来呀！"盛田昭夫拍着胸脯说："放心吧，我保证他两个星期一定回来。"没想到，这一走就是9个月。

从很早开始，盛田昭夫就向日本商务部申请向美国汇出50万美元，作为未来美国索尼公司的启动资金。在盛田昭夫决定在美国设立工厂时，日本商务部同意了他的申请。

1960年2月15日，美国索尼公司在纽约正式成立，资金总额50万美元，盛田昭夫出任社长。索尼的纽约的事务所位于纽约百老汇514号大街的一角，办公室仅有10平方米大小，盛田昭夫却豪情万丈。无论如何，索尼在美国有了立足之地，想到公司自己销售产品，他就干劲十足。

1960年5月，盛田昭夫开始宣布销售索尼的晶体管电视机。他想，要想让别人觉得索尼是高级商品，店面就不能太寒酸。他调查发现，曼哈顿第五街是纽约最为繁华的地方之一，商场林立，客流量也大。

盛田昭夫还发现，第五街上飘扬着许多国家的国旗，却看不见日本的太阳旗。所以他暗下决心，等到店铺开张时，一定要挂上日本的国旗。

经人介绍，盛田昭夫很快就在高级商店林立的第五街租了一间店铺。这间店铺租金贵，地方却不大，还不到20平方米，为了让店铺显得宽敞明亮，他亲自设计装修图，把一面墙上镶上了镜子。店面布置好，他做的第一件事情，就是把早就准备好的太阳旗挂在门口。这可是曼哈顿街区的第一面日本国旗，看着太阳旗迎风招展，盛田昭夫心中充满了自豪和欣慰。

盛田昭夫发现，过分热情的服务会影响顾客的心情，所以他让顾客自己亲自动手体验索尼产品。这种别出心裁的销售方式，吸引了大量的顾客，博得了人们的一致好评。

盛田昭夫还告诫销售人员："我们的想法会在无形之中影响顾客的态度。你们一定要像推销宝石一样去推销我们的产品，这样顾客也会觉得我们索尼的产品是高级货。"

在盛田昭夫的苦心经营下，索尼产品在美国越来越畅销。美国索尼的成功引起了美国金融界的关注，许多金融界的朋友都劝盛田昭夫上市。美国的史密斯·巴尼公司和诺姆拉公司还答应做美国索尼公司股票上市的保证人。

盛田昭夫虽然没有这方面的经验，但也知道股票上市能够解决公司的融资问题，因此他决定听取朋友们的建议。1960年秋天，他开始筹划股票上市的事情。

这件事是盛田昭夫所遇见过的最难办的事情。作为在美国上市的日本公司，他必须同时遵照日本和美国的规则行事。幸运的是，首相池田勇人是个很有国际眼光的人，在他的积极态度影响下，日本商务部批准了索尼公司的申请。

日本商务部同意后，盛田昭夫开始起草企划书。为了让美国的证管会批准美国索尼公司上市的请求，盛田昭夫等人花费了无数心血。他们必须把所有的合约翻译成英文，公司经营的每一个细节都要白纸黑字说得明明白白。

夜以继日地忙活了3个月，日本方面的事情都解决得差不多了，他们到美国进行最后的注册手续。盛田昭夫一直非常关注东京的股票市场，因为如果索尼在日本的股票价格波动太大，他们就无法通过审批。

盛田昭夫住的宾馆对面是夜总会。他每天工作到凌晨两点才回到宾馆，每次叫门房开门时，门房都用奇怪的眼光看着他。两个多月下来，门房终于忍不住说："我真不明白你哪来的精力，每天在夜总会呆到两点半才回来。"盛田昭夫已经累得无力争辩，只有苦笑。

1961年9月17日，索尼公司成为纽约证券交易所里的第一个股票上市的日本公司。虽然此时的盛田昭夫已经疲惫不堪，

但看到索尼公司的第一份海外股票交易所得——一张400万美元的支票，还是乐得合不拢嘴。

这时的他，已经是索尼公司的社长；这时的索尼，资本总额已经达到21亿日元。这21亿日元，是盛田昭夫和伙伴们一步一个脚印、一天一个进步创造的。回想创业之初的艰辛，盛田昭夫感慨万千。

第四节　肚子上的电视机

> 失足，你可能马上恢复站立；失信，你也许永难挽回。
>
> ——富兰克林

作为第一个在美国上市的日本公司，美国索尼公司所依靠的不仅是领先的技术，还有成功的营销策略。

美国索尼公司销售的第一个产品，是索尼公司研制的世界上最早的晶体管电视机——TV5-301型电视机。虽然它获得了1961年米兰博览会的金奖，但画面模糊、拉杆天线的灵敏度也很差，而且体积也大，销售得并不成功。井深大对此很不满意，于是带领技术人员开发体积更小、画面更加清晰的

电视机。

索尼不愧是索尼，经过一年多的努力，1962年4月研制出世界上最早的微型电视机——TV5-303型电视机。它外观新颖，画面清晰，而且只有5英寸大小。

从磁带录音机开始，井深大和盛田昭夫开始发挥所长、分工合作：井深大负责技术，盛田昭夫负责销售。井深大开发产品后，摆在盛田昭夫面前最重要的问题就是：如何让微型电视机销售得更加成功呢？

广告是销售人员最好的助手，在日本推出晶体管电视时，索尼公司请著名的批评家大宅壮一拍广告。盛田昭夫之所以选择他，一方面是因为他在日本知名度高，另一方面是因为他在晶体管电视刚问世时就批评电视文化，说电视机导致"一亿国民低能化"，如果能请他拍广告，一定能引起话题。

盛田昭夫在《周刊文春》上刊出了8页重复的广告。广告中，大宅壮一悠闲地躺在榻榻米上，一边看着微型电视机，一边吃着零食。广告一播出，就引起了轰动。人们都很好奇，到底这台小电视机有什么魅力呢？居然让批评电视的大宅壮一也享受起了"电视觉""电视餐"。紧接着，盛田昭夫打出了"晶体管改变了电视机"的广告词，更加引起了人们的兴趣。因此，微型电视机在日本大获成功。

日本的成功并不能代表微型电视机在美国也会成功。索尼在日本已经家喻户晓，但对美国人来说还是个刚刚起步的小公司。之前第一代晶体管电视机的失败，让盛田昭夫意识到，对微型电视机绝不能掉以轻心。如果再次失败，美国的消费者就会对电视机失去信心，甚至对索尼失去信心。

大宅壮一的广告效应，让盛田昭夫意识到了广告的力量，他想到了DDB广告公司。他第一次到纽约时，就对福斯汽车的广告印象深刻，后来知道福斯汽车的广告代理商是DDB公司。所以他打算把微型电视机的广告，委托给DDB公司。

盛田昭夫拜访了DDB广告公司的总裁——邦巴克先生。邦巴克曾经好几次路过索尼的店铺，就觉得索尼的店铺的设计和服务十分特别。听到盛田昭夫对微型电视机的描述，邦巴克先生对这笔生意十分感兴趣。

盛田昭夫问："如果我们请你做广告，需要多少钱？"

邦巴克说："我们和新客户的交易都在100万美元以上。"

盛田昭夫说："我们只有50万美元的预算……"

他本以为邦巴克会拒绝他，但出乎意料的是，邦巴克爽快地说："那就50万美元吧！"

不仅如此，邦巴克还答应，负责索尼广告的是福斯汽车广告的原班人马，而邦巴克这么做，并不仅仅是因为盛田昭夫的个人魅力。虽然美国索尼公司初来乍到，但邦巴克了解索尼的产品，觉得它将来一定会有很大的发展，到时候广告业务也会增加，因此才如此爽快。

DDB倾尽全力为索尼微型电视机制作的广告果然不同凡响。广告标题为"肚子上的电视机"。一位大腹便便、秃顶的中年男人，穿着睡衣仰卧着，怡然自得地欣赏着肚子上的电视机，耳朵里还插着耳机。产品介绍上写着："索尼5英寸的微型电视机适合腰围在38-46吋的人。微型电视机使用32个经久耐用的晶体管，天线伸缩自如，即使因为笑而晃动了电视机，图像也绝不会因此摇晃。可用交流电源，也可以使用电池。附有耳机，不会影响他人睡眠。体积轻便，使用完还可以放在枕头底下。"

因为这则创意非凡的广告，微型电视机空前畅销。销售的第一天，就有7000多人慕名而来，挤到这间狭窄的店铺里观看TV5-303微型电视机。第二天，周围的顾客蜂拥而至，络绎不绝，预先准备好的4000台电视机当天就被抢购一空。

这种情形让索尼公司大喜过望，盛田昭夫马上报告总部，让他们尽快运货过来。考虑到船运需要好几天，盛田昭夫主张空运。

当时微型电视机在日本售价为65000日元，因为加上船运费和保险费，所以在美国售价为229美元，约82000日元，要比日本贵一些，可是飞机运输的费用要比船运高出许多。如果包机空运，成本就会增加，然而，电视机的售价早就公布了，随便更改价格，会影响公司的信誉，所以包机的费用不可能追加到产品中去。因此面对盛田昭夫的主张，大家都无法理解，为什么要贴上老本儿选择空运呢？

盛田昭夫面对众人的质疑解释说："很多的美国顾客翘首企盼着我们的电视机，这正是提高索尼电视机知名度的好机会。打铁要趁热，及时地提供商品，才能制造出绝佳的宣传效果。借着空运，更加引人注目，更好地刺激消费者的购买欲。在商场上没有比'机遇'更难得的事情，所以我们绝对不能放过这次千载难逢的好机会。"

盛田昭夫顿了顿，继续说道："此外，对企业经营来说，最重要的是信誉。如果得不到消费者的信赖，失败是迟早的事情。我们已经宣布从某月某日开始销售微型电视机，当兴致勃勃的消费者去店里购买时，我们却说'没货了'，那是多让人扫兴的事情啊！说得严重一点，顾客也许再也不会相信我们索尼了。同这种大损失比起来，空运的费用又算了什么呢？"

听了他的话，所有人都明白了其中的道理，同意了空运的主张。后来索尼公司两次包机向纽约空运黑白电视机。对这件事，报纸、杂志争相报道，把微型电视机又推向了一个高潮。

微型电视机在美国获得了巨大的成功。1968年底，美国有1000万个家庭拥有彩色电视机。时髦的美国人在客厅、厨房、卧室，甚至出差、旅行都可以携带着小型电视机。

在1959年索尼制造出第一台黑白电视机时，人们都以为大型电视机是未来的趋势。盛田昭夫却反其道而行之，生产出小型的电视机，并且用事实证明自己的决定是正确的。

在美国索尼公司的发展步入轨道后，盛田昭夫心中又有了一个新的想法。

第五节　全家移民

交易场上的朋友胜过柜子里的钱款。

——托·富勒

随着美国索尼公司的生意越来越好，盛田昭夫在纽约和东京之间的往来也更加频繁。东京的同事们都戏称他为"在纽约上班的日本人"。听到这个称呼，他心中又有了一个新想法。

他想，如果想在美国市场获得巨大的成功，就必须真正了解美国人、了解美国文化。要想走入美国人的生活，光在美国设立公司是不够的，最好全家人一起搬到美国，这样才能更好地融入美国社会。

1962年10月，盛田昭夫带着夫人良子来到美国索尼公司展销厅的开幕典礼。置身于热烈的开幕典礼的氛围中，他对妻子说："良子，我们把家搬到纽约来吧！"

对于盛田昭夫的这个提议，良子有些吃惊。这可是她第一

和创造世界名牌的人

一起放飞梦想

Let the dream fly

次来纽约，连纽约是个什么样子都不知道，更别提要把家搬到这里了。

晚上回到宾馆，盛田昭夫对妻子说："在美国，有很多其他国家的人在办公司，但备受指责的却常常是我们日本人。一开始我以为是我们生产的东西质量差，但经过这两三年的观察，我发现他们都很喜欢我们索尼的产品。可见，他们并不是讨厌日本的产品，而是讨厌日本这个国家。之所以讨厌日本，一方面是战争的缘故，另一方面是因为我们进入美国，让他们有外族入侵的感觉。这说明，我们'入乡随俗'得还不够，他们还把我们当成外族人。我们应该融入美国社会，告诉他们'日本人是朋友'。"

良子不解地问："这和我们搬家有什么关系吗？你不是经常住在美国吗？难道这还不够吗？"

盛田昭夫说："这还远远不够。没错，我结交了许多美国朋友。他们经常邀请我参加家庭宴会。对我来说，参加这种家庭宴会不仅能加深友谊，还能认识更多的朋友，是一举两得的好事情。可以说，这种家庭宴会对我来说就是一种社交场合。但在这样的宴会上，一般都是夫妇同行，我常常接受邀请，每次都是我一个人去，总觉得不舒服。更重要的是，不回请对方，于情于理都说不过去，每次想要回请对方都不行，我自己一个人根本办不到。长此以往，朋友会越来越少，没有朋友，做起生意来就更难了。所以，我希望你和孩子们能和我一起搬

到美国。这样一来，一切都好办多了。"

为了丈夫的事业，良子点点头同意了。盛田昭夫十分感动，要知道当时良子一点英语都不会，却依然全心全意地支持他的计划，愿意跟着他到人生地不熟的纽约来，这需要很大的勇气和决心。

盛田昭夫回想结婚这么多年以来，自己大部分的时间都在出差，都是良子一个人在东京打理家务、照顾孩子。有时还要充当自己的助手，帮忙转达消息。虽然她能烧一手地道的法国菜，但她从小对外国就毫无兴趣，也从来没有外出旅行过，但她还是接受了盛田的建议，并且毫无怨言地支持自己丈夫的决定。盛田昭夫一时间感慨万千，心中千言万语，却不知从何说起，只是紧紧地攥住了良子的手。

搬家之前，盛田昭夫向井深大承诺：每两个月回东京工作一星期左右，而且每天利用电话保持联系，互通信息。这样，井深大才放行。

1963年2月，盛田昭夫飞往美国，虽然他已经去过美国无数次，但这次他却十分激动。他这次去最重要的目的，就是安家落户。

一开始，良子想在日本人聚居的地方租一个公寓。这里的公寓不仅便宜，而且周围说日语的人多，孩子也不会觉得陌生。盛田昭夫坚决反对，他说："我们搬到美国来，就是为了融入到美国的当地生活。如果在日本人多的地方，说日语，和日本人打交道，这和在东京有什么区别呢？这里的租金虽然便宜，但别人也会把我们看成穷人。看到索尼公司的副社长，住在这样便宜的公寓里，对公司的形象也不好。"

看到良子点头，他继续说道："我们应该住在第五街的高级住宅区，美国最有钱的人大多住在那里。哪怕我们租的是最小的房子，人们一听说纽约第五街，也会肃然起敬，对索尼公司也会高看一眼。我们住在那里，经常和说英语的人打交道，孩子们不知不觉就会说英语了，放心吧！"

就这样，盛田昭夫一家搬到了纽约曼哈顿第五大街的一处公寓里。这幢公寓位于纽约美术馆前面，有12个房间，装潢得十分豪华。房租每月1200美元，大约40万日元。

盛田昭夫在美国落脚后，经常邀请朋友和熟人到自己家里。在家庭宴会上，良子做的菜得到了所有客人的好评。受到朋友邀请时，盛田昭夫和良子就同行参加。慢慢地，盛田昭夫在纽约的社交圈里有了知名度。这种知名度，为索尼带来了巨大的经济效益和社会效益。

第六节　Walkman改变了什么

好动与不满足是进步的第一必需品。

——爱迪生

　　盛田昭夫在美国安家落户后，他的社交天赋有了更大的舞台，索尼在美国逐渐成为知名品牌。人们常说，正因为有盛田昭夫，索尼才能如此。对此，盛田昭夫却有着自己的见解。

　　盛田昭夫说："索尼在美国之所以有今天的成绩，得益于我们在最初的5年里什么都不卖，而是花钱在美国各地不辞劳苦地进行市场调查，并逐步建立我们公司独立的销售网络。我能够这样从容淡定，是因为我是高层的管理人员，即使不能马上取得成绩，也不会有人埋怨，公司上上下下给予我百分百的信任。因为这种信任，我才能建立独树一帜的销售网络，才能把索尼的产品卖到美国各地。我们的产品之所以受欢迎，应该归功于我们的设计人员。"

　　索尼的技术人员一直践行着"豚鼠精神"，不断完善已有的产品，不断创造新产品。1962年，继微型电视机之后，他们又推出了世界上最早的小型录像机。1964年3月，他们又研制出世界上最早的桌上型电子计算机。同年11月，索尼宣布他们已经成功研制出世界上最早的家用录影机。1966年7月，索尼公开销售世界上最早的手提录像机。可以说索尼创造了许多的"世界上最早"，但其中影响最大的产品，则非"Walkman"莫属，而这个产品的创意完全来自于偶然。

1978年的一个午后，井深大提着索尼的录音机和一副耳机，到盛田昭夫的办公室。盛田昭夫看他十分不开心，便问他有什么心事。井深大说："我喜欢听音乐，可是我不希望吵到别人，所以就带着耳机。我还得工作，不能整天呆在音响旁边，只好提着音响到处跑，可是它实在太重、太麻烦了。"

盛田昭夫从小就是个音乐迷，也和井深大有同样的痛苦。他安慰井深大说："是啊，我和你一样，一天不听音乐就觉得缺点什么，而且我女儿和我一样喜欢听音乐，仿佛没有音乐就没法活了似的。那天，她刚旅行回来，还没来得急和她母亲打招呼，就跑上楼把一卷录音带放进录音机里，良子为这件事情还有些伤心呢。"

说着说着，盛田昭夫突然灵光一闪。很多人主要用录音机来听音乐，那么为什么不去掉录音机的录音功能，变成一个既能用耳机又能播放音乐的机器呢？这样机器的体积就会变小，携带起来也会很方便，大家就可以随时随地听音乐了。

盛田昭夫和井深大说了心中的想法，井深大也觉得有趣。他们一致决定，开发一种便携的迷你录音机满足人们一边走路一边听音乐的需要。

在产品策划会上，盛田昭夫说出了自己的想法。但70年代的人们都习惯于用笨重的音响来播放音乐，因此所有的设计人员都反对盛田昭夫的想法。

盛田昭大满腔热情却被人质疑，连自己的产品开发人员都说服不了，觉得有些懊恼，但他没有服从大多数，而是选择相信自己。虽然技术人员心里都没底，但是依然执行盛田昭夫的命令。

由于这种产品前所未闻，所以索尼的设计人员只能想象产品的样子，想象年轻人带着它散步的样子，想象产品如何适应客户的需求，也就只能依靠这些想象在纸上画出设计图。

开发小组的负责人是索尼的老臣木原信敏，他带领技术人员完成了缩小放音部分的零件的工作后，打算进行下一项工作——缩小录音部分的体积。但是无论如何努力，都不能达到盛田昭夫的理想目标，整个小组都精疲力竭了。

就在大家一筹莫展时，盛田昭夫大胆地宣布：停止缩小录音部分的工作，单独推出放音机。有位工程师说："这听起来是个不错的主意，可以解决我们目前的困难。但是，人们怎么可能买一台不能录音的录音机呢？简直难以置信！"

盛田昭夫态度非常坚决，他说："世界上没有十全十美的事情。这个产品对于喜欢整天听音乐、带着音乐到处走的人来说，有没有录音功能根本无关紧要。但是新产品必须附带耳机，如果总是吵到别人，恐怕是卖不出去的。"

工程师们半信半疑，但在讲究服从的日本企业文化里，他们又一次选择服从盛田昭夫。

产品还没开发出来，盛田昭夫已经制定了销售计划。这款小型录音机主要针对年轻人，售价不能超过3万日元，否则他们负担不起。外形必须新颖时尚，迎合年轻人的口味。

技术小组没有辜负盛田昭夫的期望，1979年6月，索尼推出了第一台小型立体声放音机。

盛田昭夫对这个小家伙爱不释手。无论尺寸还是音效，盛田昭夫都十分满意。传统的音响虽然有扩音器，但是大部分的声音都扩散到空气中，仅有一小部分的声音能进入到人的耳朵里。这浪费了大部分的能源，而这种小型的放音机，只需要小小的电池，就能让声音传到耳机里。小型耳机的传真性也很好，声音听起来比盛田昭夫想象的还要好。

盛田昭夫兴致勃勃地带着第一台小型放音机回家做实验，他不厌其烦地播放不同的音乐。他专心致志地实验，结果却惹恼了盛田夫人。良子觉得丈夫自顾自地玩，忽略了她，所以盛田昭夫决定，需要改良为两副耳机，可以让两个人一起听。一个星期之后，技术人员又一次实现了他的愿望。

几天之后，盛田昭夫邀请朋友一起打高尔夫球，等对方一上车，他就递出一副耳机，开始放音乐给对方听。而盛田昭夫自己，则带上另一副耳机，一边听音乐一边观察对方的表情。

听了一会儿后，盛田昭夫发现了一个潜在问题：两个人都带了耳机，就没办法说话了。于是他让技术人员再加上一个按键麦克风，好让两个人"热线"交谈。

1979年7月，索尼对外宣布销售小型放音机，还给它起了一个有趣的名字——"Walkman"。因为它让年轻人可以一边走路一边听音乐，这个名字非常生动形象，人们也容易记住它。

当时盛田昭夫不喜欢"随身听"的名字，因为不合英文的语法。他想把名字改成"Walking stereo"（走动音响），或者其他比较符合语法的名字。但是当时盛田昭夫身在国外，广告已经播出去了，他也无力回天。

以英语为母语的市场销售人员都对"Walkman"这个名字有些担心，索尼也在海外用过其他名字，比如"藏着听"（Stow Away）和"四处听"（Sound About），但这些名字都不如"Walkman"好听好记。所以盛田昭夫打电话给英、美的索尼公司说："就叫这个名字吧，让世界各地的分公司统一都叫'Walkman'吧。"后来，随着"Walkman"的畅销，大家都觉得，这是个很棒的名字。这个不合语法的单词，现在已被收录在英语字典里。

盛田昭夫认为，"Walkman"是迄今为止自己最满意的一个产品，因而对于销售丝毫没有顾虑。但是，销售人员却忧心忡忡，觉得这个产品会卖不出去。盛田昭夫虽然觉得尴尬，但还是坚信这款产品一定会大受欢迎。为了让销售人员更有信心，他信誓旦旦地说："放心吧，如果卖不出去，我来负全部责任。"

事实证明销售人员的担心是多余的。"Walkman"的畅销程度让人目瞪口呆。产品刚刚上市，就出现了供不应求的局面，订单让索尼应接不暇，必须设计自动化机械来应付大量订单。

虽然盛田昭夫觉得"Walkman"会广受欢迎，但结果还是令他倍感惊喜。一开始，他给销售人员的目标是500万台，没想到第一个月"Walkman"的销量就突破了500万台，最后卖了2000万台。

盛田昭夫一开始以为人们会和他人分享"Walkman"，却发现每个人都要一台属于自己的"Walkman"。所以索尼先后拿掉了第二副耳机和麦克风。后来索尼又不断推出防水型、防尘型的"Walkman"等70多种不同的机型。

"Walkman"本来是从配备齐全的录音机中抽出放音的功能开发出来的产品，经过索尼的不断完善，原有的功能不仅完全恢复，还加了一些新的配件和新的功能，可见科技多么神奇。

科技的神奇在于它改变了人们的生活，事实上，"Walkman"改变了全世界上百万人听音乐的习惯。盛田昭夫许多音乐界的朋友，比如指挥家卡拉扬、祖宾梅塔、马泽尔等，都找他订购"Walkman"。

随着"Walkman"的机型越来越多，索尼不得不改进耳机的品质。索尼因此成为世界上最大的耳机制造商之一，在日本有一半以上的人使用索尼的耳机。

"Walkman"不仅让索尼更上一层楼，也激励着电子产品行业步步高升，苹果的创始人乔布斯就是典型代表。

上世纪80年代初，乔布斯曾经拜访过盛田昭夫，索尼的工厂车间给乔布斯留下了深刻印象。盛田昭夫送给乔布斯一部"Walkman"，乔布斯为之痴迷，他所做的第一件事情就是拆开"Walkman"，仔细观察每一个零件，认真研究零件如何组装。他还经常逛索尼的商店，研究索尼的产品以及宣传海报。后来他对产品细节的追求，以及工厂的流水线，都非常像索尼。朋友评价乔布斯："他不想学IBM，他想成为索尼。"

"Walkman"改变了人们听音乐的方式，也成为流行文化的标志，成为城市生活的标记。更重要的是，"Walkman"也改变了人们对日本的看法。

一位美国学者在书中写道："'Walkman'已经成为一种标杆，它进入了我们的文化，改变了我们的文化，让我们开始追逐精致小巧的电子产品。它代表着高科技化、现代化，甚至'日本化'。"

SONY

第五章　过去与未来

SONY

第一节　世界的索尼

> 不安就是不满，而不满足是进步的首要条件。你指给我一个心满意足的人，我就告诉你，他是一个倒霉透顶的人。
>
> ——爱迪生

随着"Walkman"的成功，盛田昭夫对公司的前途也更加充满信心。之前为了推广产品，索尼公司在东京和纽约都成立了展示馆，盛田昭夫只要有空闲时间，就去这两个地方转转。看到人们那么喜爱展示馆以及陈列的索尼产品，盛田昭夫内心充满了自豪和骄傲。

同时，盛田昭夫也意识到索尼公司总部和工厂太过偏僻，离繁华地段太远，既不利于公司发展，也起不到宣传的效果。所以他决定，在东京市中心地段建立一个根据地。

1964年，盛田昭夫花费巨资在东京最热闹的银座区买到一块地皮。两年后，一座地上8层、地下6层的索尼大楼拔地而起，因为建筑法规定地上最高只能盖8层，但对向下多少层并没有限制。精明的盛田昭夫利用这些地下层，开了购物中心、

家用电器馆，盛田昭夫还打算用剩余的面积开一家餐馆。

很多人建议盛田昭夫开日本料理餐馆，但盛田昭夫却不这么想。当时的他刚从韩国回来，在访问韩国期间，他每天吃的都是韩国菜。他发现，出外旅游的儿女，虽然可能偶尔会品尝一下当地的特色菜肴，但是不会每晚都想吃当地食品。再说，新开的日本料理，无法和日本当地的老字号日本料理相抗衡。中国餐馆在日本到处都是，没有什么特色。想来想去，盛田昭夫决定开一家法国餐厅。

盛田昭夫经常去法国巴黎的马克西姆餐厅，他找到巴黎马克西姆餐厅的老板，跟他提出自己的想法——在东京开一家和巴黎的马克西姆餐厅一模一样的法国餐馆。对方也觉得是个好主意，愿意提供帮助，于是盛田昭夫把索尼公司大厦的地下二层重新装修，建成了从装饰、厨师、菜式到名酒、服务都和巴黎马克西姆餐厅一模一样的东京马克西姆法国餐馆。这家餐馆从开业起就日日兴隆，座无虚席。

法国餐馆的成功让盛田昭夫更加了解法国，他又有了新的想法。他决定在巴黎开设一个索尼展示馆。经过比较，他把馆址选在了世界驰名的香榭丽舍大街。1971年，索尼的巴黎展馆建成，巴黎的展馆同纽约和东京的索尼展馆一样，非常受欢迎。

随后，盛田昭夫决定成立索尼海外公司，负责索尼在欧洲的销售。选来选去，他决定选择在瑞典的苏格市，这是第一家把公司总部设在瑞典的日本公司。一开始，索尼海外公司委托巴黎和伦敦的代理商销售索尼产品，在美国则由索尼美国公司独立销售。随着索尼美国公司的成功，盛田昭夫决定在欧洲市场同样推行自营模式。

盛田昭夫最先想到的就是英国，当时英国的首相撒切尔夫人，积极鼓励外商在英国投资办厂，提供给索尼公司很多优惠政策。

盛田昭夫想起了一件往事。1970年世界博览会举办期间，威尔斯王子到日本访问。英国驻日大使馆请索尼公司在威尔斯王子下榻的宾馆内装了一台索尼的彩色电视机，在英国大使馆举办的酒会上，威尔斯王子还当面向盛田昭夫道谢。威尔斯王子还问盛田昭夫有没有在英国兴建工厂的打算，当时的盛田昭夫还没有这样的打算。威尔斯王子不依不饶，笑着说："要是你们将来决定在英国设厂，一定要在我的封地境内呀！"

想到多年前威尔斯王子的盛情邀请，盛田昭夫心中倍加感激。他决定亲自去威尔斯去考察，同时派人在其他地区寻找合适的地点。考察了交通、环境等各种因素后，盛田昭夫觉得威尔斯最符合索尼公司的办厂条件，于是决定在威尔斯境内的布劣根设厂。

1972年，威尔斯王子还亲自参加工厂的奠基仪式。在奠基仪式上，盛田昭夫对威尔斯王子说起两人两年前的对话，威尔斯王子惊奇万分，他万万没想到，两年前对他的邀请讳莫如深的盛田昭夫，竟然真的在他的封地上兴建工厂了。

盛田昭夫在奠基仪式上发表了重要的宣言。他说：这个工厂的设置，是索尼公司国际化的第一步。索尼从成立的第一天，就怀抱着走向世界的梦想，我们已经成立了索尼美国公司，现在又迈出了新的步伐。索尼的理想是凭借索尼不断创新的技术为全世界服务。我希望，这个工厂能实现我们的理想，成为整个英国乃至整个欧洲大陆最好的供应商。"

盛田昭夫的话在不久之后就变为了现实。索尼公司运到英国工厂里的产品，占了英国国内生产的彩色电视机的30%。索尼工厂里50%的产品输出到欧洲大陆，甚至远销到非洲各个国家和地区。

1981年，盛田昭夫扩建布列根工厂，增加了显像管工厂。戴安娜王妃还参加了显像管工厂的竣工仪式。1982年，英国皇家艺术协会颁给盛田昭夫埃伯特奖，鼓励索尼公司对技术创新、资源管理、工业设计、促进世界贸易关系等方面的贡献。在此之前，埃伯特奖的获得者全部是爱迪生、居里夫人等科学家，盛田昭夫是第一个获奖的"门外汉"。因为这件事，人们常常称盛田昭夫为"日本的爱迪生"。盛田昭夫还发明了"SONY""Walkman"这些前所未有的单词，为此皇家协会还专门颁给他荣誉证书，奖励他对英语口语的创新和发明。

由于政府方面的鼎力支持，索尼在英国的发展可谓一帆风顺，然而在法国则截然不同。索尼提出要在法国成立自己的索尼公司，法国的财政部一直不批准申请。尽管巴黎香榭丽舍大街上的索尼展示馆很受法国人的青睐，但法国财政部却无法容忍索尼的"得寸进尺"。要成立法国索尼公司，索尼必须终止和原来的法国代理商的合约。由于政府的干涉，解除合约的谈判十分艰难，经过多年的努力，在日法合资经营的基础上，财政部才批准索尼的申请。

比起法国来，在德国设立索尼公司要容易得多。但是要把索尼的产品卖给德国人，则是很大的挑战。德国是世界电子业的先驱，工业也十分发达。在德国人的眼中，德国的电子产品是全世界都无法相比的。

一开始，索尼的产品在德国的销售情况很糟糕。德国当地的经销商对索尼的产品不理不睬，所以盛田昭夫只好找别的经销商，但效果也不理想。

盛田昭夫并没有气馁，他决定采用美国索尼的模式，建立德国索尼公司。他把德国的总经销处设在基尔，让水岛全权负责。水岛才学了三个星期的德语，就被盛田昭夫派往德国。

德国索尼公司成立之初，招聘的17位员工中，只有一个人还算对索尼有所了解，因为他曾经修理过索尼公司的产品，但仍然阻碍不了索尼产品的魅力。索尼以高品质的产品为突破口，推出一系列高质量的放大器、录音机等产品，并且坚持在最好的电子产品专卖店出售这些产品，还推出了一项新产品——带收音机的数字钟。第一个月，索尼在德国的销量还不

到1000台。6个月后，仅数字钟的月销售量就高达3000台。不仅如此，他们的业务已经覆盖了荷兰、奥地利以及整个德国，盛田昭夫决定把公司总部转移到汉堡。

盛田昭夫为了不让员工们和日本社区离得太近，把德国索尼公司设在科隆。这样，索尼公司的日籍职员就会自然而然地选择和当地的德国人士交往，逐渐融入德国的生活圈。盛田昭夫主张，从公司到家庭都要做到国际化。

起初，欧洲对索尼产品的造型线条很不适应。他们已经习惯了欧洲产品的流线型或者圆角的造型，对索尼的方角难免有些抵触。盛田昭夫对此也很苦恼，有人建议他要生产不同的机型，迎合欧洲人的口味。他考虑再三，还是决定坚持产品的本来面貌，保持索尼的特色风格。他不能违背当初创立索尼时的誓言：索尼从不模仿别人，要创立自己的品牌，树立自己的形象。

没想到，盛田昭夫的坚持反而取得了意想不到的效果。因为索尼的外形与众不同、别具特色，逐渐受到欧洲人的喜爱，索尼干净、简洁的线条也影响了欧洲人的眼光。

20世纪70年代，索尼在海外陆续成立了英国索尼公司、德国索尼公司、法国索尼公司、夏威夷索尼公司和巴拿马索尼公司，在世界各地都建立了独立的销售体系。

不仅如此，索尼还在世界各地兴办工厂，做到生产和销售一体化，索尼的海外工厂最先出现在美国。1971年，索尼的电视机在美国销售得异常火爆。为了满足消费者的需求，索尼经常要从日本空运产品到美国。当时从日本运到美国的运费是以体积计算的，而电视机最大的体积就是显像管。显像管里面空无一物，但玻璃外壳却很占地方。盛田昭夫觉得，与其花大把的钱把外壳从日本运到美国，还不如在美国当地生产。

盛田昭夫选择在圣地亚哥的工业区内兴办工厂。一开始，工厂从日本进口零件，后来尽量在美国国内采购。最后索尼的产品要比任何著名美国公司的产品还美国化。因为其他美国公司的产品是在远东地区生产后再运送到美国的，内部有80%是其他国家加工的。而索尼的产品则大部分都是美国本土的零件。

盛田昭夫的这一决策，不仅为索尼节省了运输成本，而且扩大了企业的规模，提高了企业的国际知名度。继美国之后，索尼公司又在瑞士、香港、加拿大、德国、波多黎各、荷兰、巴西、西班牙、法国、澳大利亚等国家和地区建立了工厂和销售点。

索尼的国际化战略使索尼成为跨国化企业中最先进的厂家之一。它从昔日的小公司逐渐成长为与松下电器公司、飞利浦公司不相上下的世界知名电器生产商。索尼已经不仅是日本的索尼，而且是名副其实的"世界的索尼"。

第二节　谁最重要

团结就有力量和智慧，没有诚意实行平
等或平等不充分，就不可能有持久而真诚的
团结。

——欧文

索尼公司凭借领先的科技和国际化的战略迅速崛起，成为
日本战后新兴的第二大公司，仅次于本田科技公司。但索尼的
成功还有第三个秘诀，那就是"人"，而这个秘诀是盛田昭夫
从罢工中体会出来的。

1960年4月，盛田昭夫和井深大正在积极筹备公司成立
15周年的庆典活动，索尼的工会组织却宣布了一个惊人的消
息——在庆典举行的前一天，举行72销售大罢工活动。

盛田昭夫问询后大惊失色。索尼的一些管理人员主张延期
举行庆典，盛田昭夫觉得不妥。庆典的日期早已经定好，客人
的请帖也已经全部发出去了。况且，客人中还有皇妃、首相以
及财政界和学术界的名人。索尼的首脑们商量后决定，换个秘
密的场所如期举行庆典。

在庆典当天，盛田昭夫领着十几个人在公司内部张灯结彩，做出一副举办庆典的样子。外面的工会成员，挽着手臂、组成人墙，堵在公司的门口。与此同时，井深大在高轮王子饭店向到场的客人们介绍今天的经过，并恳请客人们能支持索尼。将近中午，一个客人都没有出现，工会会员们越来越焦躁。过了一会儿，终于有人大呼上当："庆典已经改在别的地方举行了，我们被骗了！"

索尼的15周年庆典总算如期举行，但盛田昭夫却一点也高兴不起来。索尼的罢工风潮引起了报刊、电视等媒体的品头论足，让索尼丢尽了颜面，损害了索尼的形象，造成了难以挽回的损失。

让盛田昭夫最伤心的是，厚木工厂的女工也参加了这次罢工。当年建厚木工厂的时候，盛田昭夫格外注意女工宿舍。为了让这些外地来的女孩子们感到舒适方便，他安装了很多新设备，还修建了各种娱乐室。为了给她们创造好的学习机会，他还经常为她们安排一些高中讲座。尽管他用心良苦，但这些女工们却不买账，依然参加了罢工。

盛田昭夫心中疑团重重。到底是为什么呢？是我忽略了什么，还是她们忘恩负义呢？他百思不得其解，立即派人调查厚木工厂。

调查后，盛田昭夫弄明白了来龙去脉。1956年2月，索尼成立了工会。随着公司的发展，工会的人数越来越多。原来工会中大学学历的技术人员占很高的比例，但随着工厂规模的扩大，索尼开始录用中学毕业生。这些毕业生，待遇并不好，但工作任务却相当繁重，许多人对公司的抱怨越来越多，不满的情绪在工会中逐渐扩散。工会组织多次与公司协商，要求提高薪酬和待遇。厚木厂的女工们生活很单调，每天往返于工厂、宿舍之间，很少有能够与公司管理人员对话的机会。

通过这次罢工，盛田昭夫认识到公司管理的不足。他想：作为经营者，过去的索尼一心只想着发展，时时刻刻将股东的利润放在心上，但却忽略了公司高速发展带来的弊端，也没有考虑员工和同事们的利益。虽然，公司的业务蒸蒸日上，但工人们的生活却没有任何改善。这种发展的不均衡导致了罢工的发生，这种不平衡如果继续发展下去，索尼的工人就会对公司失去信心，到那时，索尼损失的将不仅仅是信誉。

这次罢工，让盛田昭夫失望、伤心，但却告诉他一个道理：索尼公司里最重要的是"人"。无论个人多么优秀、多么能干、多么精明，都不可能主宰企业的命运。事实上，企业的命运掌握在员工的手中。只有让索尼的每个员工都感受到平等、和谐，营造出一种家庭式的关系，才能让索尼人同舟共济。

如何营造一种健康、亲切、和谐的氛围呢？这是盛田昭夫最关心的问题。首先，必须向公司的所有员工贡献索尼发展的利益，管理层和底层劳动者的贫富分化会将劳资矛盾扩大化。

其次，必须消除公司内的特权，否则高高在上的管理者，无论如何也不能赢得员工的支持与信赖。特权会让工会与公司的对抗越来越激烈，应该让索尼成为一个融洽的大家庭，让职工成为这个大家庭的成员。家人之间也有矛盾，但从不会被拆散，索尼也应该成为充满爱的大家庭。

如何把索尼公司变成"索尼家庭"呢？盛田昭夫觉得，这关系到公司的前途命运，必须从长计议。

第一步，就是解决眼前的罢工问题。罢工的焦点就是工资，盛田昭夫主动提出按照年资调整工人的工资，缓解了劳资双方的矛盾，平息了罢工风波。

随后，盛田昭夫在公司内部推出一项新政策。在索尼公司里，没有蓝领和白领的区别，管理人员、工程师、工人们穿同样的服装，一起工作、训练。即使在餐厅里，不同身份的职员都要像家人一样坐在一起吃饭、聊天，无论是高级主管还是工厂厂长都没有私人办公室。

盛田昭夫以身作则，只要有空闲时间就去看望底层的员工。他总是尽可能地亲自去每一个工厂和分店，去认识索尼公司的每一个员工。闲暇之际，盛田昭夫很喜欢"突然袭击"。经常一声招呼不打，就到索尼员工聚餐的地方，给员工们"惊喜"。

一天，盛田昭夫发现做完事情后，还有一些空闲时间，他就走进东京闹市区的一家"索尼旅行服务社"。进去后，他

开门见山地说："我是盛田昭夫，今天到这里打个招呼。我相信你们在电视上或者报纸上都见过我，今天就让你们看看我的庐山真面目！不收门票，大家随便看！"他的风趣逗得大家哈哈大笑。他还拉着员工聊天，一会儿的功夫就和员工们打成一片。店长问他愿不愿意和员工们合影，他在1个小时内就和店里所有的员工合影留念了。临走时他拍着店长的肩膀笑着说："你做得很对，知道我们索尼人就是一家人。"

美国索尼公司成立25周年时举办了隆重的庆祝活动，盛田昭夫和夫人特地飞到美国，就为了与当地的员工吃一顿饭。他还把夫人留在纽约，让她和纽约的索尼员工一起野炊，自己则飞到阿拉巴马州与员工们一起进餐。然后他又赶到索尼在圣地亚哥的电视机厂，和员工们一起跳舞。如此奔波，他却不觉得辛苦，别人都羡慕他精力充沛，他回答说："我一点也不觉得辛苦。这对我来说，不是工作，是和伙伴们聚餐，是和家人们团聚。只有快乐，没有疲惫。"

以盛田昭夫为首的领导层和索尼员工的关系十分融洽，早上开例会的时候，组长会细心地观察组员们的状态。如果谁脸色不好，组长就会问他，是不是身体不舒服。这种人性化的管理，让索尼的员工们慢慢感受到，索尼公司的管理人员和工人没有尊卑贵贱之分。无论你来自哪里，无论你身在何处，只要是索尼的员工，就是大家的好同事，就是索尼大家庭的成员。

为了增强企业的凝聚力，盛田昭夫每年都要对新人进行一番演讲。日本的毕业生在3月份毕业，4月份就职。每年的4月份，盛田昭夫都会把公司的新进职员召集到一起进行员工训练。

在训练开始前，盛田昭夫会做一番精彩的演讲。他告诉这些年轻人："从今天开始，你们告别学校，进入索尼。你们首先应该了解学校与企业的不同之处。在学校时，你付学费给学校，但现在是企业付学费给你。在你熟悉全部业务之前，你是企业的一个负担。在学校，你在考卷上什么都不写，就会得零分。但如果你在企业中什么都不做，你就是企业的负分。索尼不是军队，是你自愿加入索尼公司的，我们也真诚地希望你工作20年到50年，更希望在这段时间里，你能为我们的企业，也为自己，交出一份满意的答卷。当你离开索尼，或者离开这个世界，我希望你不会后悔把宝贵的青春交给索尼。"

从这番讲话中，可见盛田昭夫对年轻人的关注。

不仅如此，为了更加了解索尼的年轻人，他每天晚上都和一些年轻的主管一起吃饭、聊天，年轻人也非常喜欢他，跟他无话不谈。有一次，一位小伙子对他说："我加入索尼公司时，以为这是家了不起的公司。但工作几年来，我总觉得我既不是为公司工作，也不是为自己工作，而是为上司卖命。我的每一个建议、每一个行动，都要他批准才行。无论他是否有能力，我都要无条件服从。我已经对自己和公司的前途失望透顶了。"

和创造世界名牌的人

一起放飞梦想

听了这位年轻人的抱怨，盛田昭夫心里也不是滋味，他没想到公司的管理如此失败。他意识到，一定有许多人和这个年轻人一样困扰。如果他们的才华不能发挥，就会失去工作的热情，这对公司的发展没有任何好处。

盛田昭夫冥思苦想之后，终于想出了对策。盛田昭夫每周在公司内刊上刊载各个单位部门空缺的职位。公司的员工就有了到其他岗位工作的机会。公司也鼓励员工，特别是那些新进入索尼的年轻人调动到别的工作单位去锻炼。这样一来，索尼的员工就可以借着内部的调动，找到适合自己的工作岗位。比如，有许多人为了找工作就应聘打字员、司机、保安等工作，但是也许他们在广告文案或者其他工作上更有才能，那么索尼同样会给他们施展才华的平台。

本来日本公司和员工之间有着永久的承诺，公司不会轻易解雇职员，职员也不会轻易跳槽。盛田昭夫却打破常规、独树一帜，发明了"内部跳槽"。这个创新举措，不仅为员工们增加了工作机会，也能够监测公司的管理漏洞。一旦发现不够称职的管理者，公司就可以通过调动来解决问题，可谓一举两得。

第三节　"索尼先生"轶事

善良的行为使人的灵魂变得高尚。

——卢梭

随着索尼的产品推广到世界各地，盛田昭夫也在各个国家和地区之间来回奔波。他总是随时随地地推销索尼的产品，人们都亲切地称他为"索尼先生"。

"索尼先生"不仅要结交四海之内的朋友，还要通过电话和他们经常联系。熟悉他的人都知道，盛田昭夫是个"电话大王"，国内外的电话总是响个不停。盛田昭夫的家里有5部电话机，其中有2部是他专用的。他之所以要有两个专线电话，是为了不漏掉任何信息。不仅如此，盛田昭夫的车里也装上了专线电话，东京车里的电话可以直接接通纽约曼哈顿车里的电话。

盛田昭夫还要求公司的每一位主管都在家里装专用电话。这样即使妻子或者孩子霸占着电话，也能让信息畅通无阻。盛田昭夫的接班人大贺典雄每天早上七点一定要打电话到盛田家做工作报告或者交换信息。若是常人可能会抱怨，但盛

田昭夫却一点怨言也没有，因为他自己更过分，曾经半夜两三点钟打电话到对方家里。

盛田昭夫之所以成为"电话狂"跟他公务繁忙有直接关系。他身边经常有两个匣子，一个黑色，一个红色。黑色匣子里装国内事务，包括索尼公司的业务、生产、销售等方面的报告，还有盛田参加的各个协会的活动。红色匣子里装国际事务，比如欧美或者其他地区的邀请函、朋友或者海外合作机构的来信等。在盛田回家之前，必须把两个大匣子的文件处理完。

盛田昭夫不仅要处理这些公务，还要忙着接电话、接待访客以及开会，可见工作量有多大。公司为他配了四位秘书，其中两位负责国际事务，另外两位负责国内事务。索尼还有一个专门为他设立的对外联络组，有一位专员负责日本经济联盟的事务，还有一位负责与政府联络，还有一位助理专门为他起草演讲稿。

不论盛田昭夫身在哪里，纽约或者东京的秘书总有办法找到他。有一次他决定忙里偷闲，到滑雪区休息三天，结果在滑雪的山坡上被逮个正着。

"索尼先生"虽然公务繁忙，但也是热爱生活的人。只要有可能，他就会休短假。冬天的周末他会去滑雪，夏天的周末他就会去打网球，新年的假期，他会带着家人到夏威夷度假七八天。喜欢音乐的他每年都会带着家人参加复活节音乐会，

德国的瓦格纳音乐会也一场不落。

好奇心极强的他，对任何新鲜事物都感兴趣。妻子说他："对什么事都感兴趣，好奇简直成了他的癖好！"

有一次朋友问盛田昭夫想不想来一次特技飞行。当时他已经五十多岁，却毫不犹豫地一口答应，因为他从来没有体验过特技飞行。朋友让德国特技飞行的冠军和盛田昭夫一起飞行，起飞不久，对方就把飞机交给他驾驶。盛田昭夫把飞机升到4000英尺的高空，对方接过驾驶盘，开始花样百出。旋转、失重、滚翻这些花样，让他心惊胆战。事后，他不仅不后悔，还为自己的胆量自豪不已。

盛田昭夫稚子般的好奇心，让他老当益壮。他55岁开始打网球，60岁才学滑雪，64岁开始学滑冰。对于这些运动，盛田昭夫不仅喜爱，也有着自己的理解。

上了年纪的人反应都很慢，这是自然而然的事情，但盛田昭夫不这么想。他觉得，如果听之任之、顺其自然，身体和头脑都会退化得越来越严重，然后步入朽木之年。他不希望过早地沦入衰老的境况。生命在于运动，他总是尽可能地抽出时间进行体育运动，这不仅能保持身体健康，运动带来的自信心对他来说也是极为重要的。

盛田昭夫最喜欢和年轻人一起打网球。他说："年轻人脑子活，总是给我许多灵感。几乎在每一件事情上，他们都能给我与众不同的观点和方法。和这些朝气蓬勃的年轻人在一

起，我发现不仅网球技术进步了，连我的心态也变得年轻自信了。"

盛田昭夫的自信还体现在他敢一个人单独旅行上。日本大企业的所有会长、社长、董事长没有秘书就寸步难行，但盛田昭夫却总是单独出行。别的社长一去海外旅行，秘书和英语翻译紧跟在后面，盛田昭夫则不然。按他的话说："我在世界各地奔波都是独来独往，带着一个人我反而成了陪衬。要是工作提前结束我就可以打电话给航空公司改订别的航班。如果就我一个人，席位就很好订，事情也很好办。如果加上秘书，就会有些麻烦了。有一次我带着秘书出去，结果为了得到秘书的席位，我还要和售票处交涉。这样，我反而成了他的秘书了。"

盛田昭夫敢于单独旅行还有一个原因，那就是他对英语十分精通。每当别人说他英语好的时候，他总是谦虚地说："我的英语其实只有中学生的程度而已。出席重要会议的时候，一出现专业术语，我就完全听不懂。只能厚着脸皮向别人打听，感觉非常丢脸。"

日本著名的翻译村松增美却觉得盛田昭夫过分谦虚了，他对盛田昭夫的英语能力赞不绝口："盛田先生的英语很出色。虽然他的词汇量不是很丰富，但他总是能够用自己掌握的单词直截了当地讲自己想表达的意思，从不拐弯抹角，对方理解起来也很容易。而且他不用讲稿，就能流利清楚地表达自己的意见，这点尤为难得。"

　　盛田昭夫是如何学会英语的呢？盛田昭夫说："我的英语是在欧洲旅行的途中学会的。去欧洲之前我的英语很差，根本不怎么说英语。在去往欧洲的火车上，我发现好多人都不会说英语，英文水平跟我都差不多。到了欧洲看见很多从美洲或者其他国家来的人，也和我一样不会说英语，这样我就在英语上就不那么自卑了。偶尔遇上美国人或者英国人，我就厚着脸皮跟他们搭讪。我尝试着把自己学过的单词七拼八凑地表达出来，发现竟然还能沟通。我发现，尽管我的英文单词量很少，但别人都能听懂，让我自信心倍增。有了自信之后，我的胆子逐渐大了，久而久之就能毫无顾忌地说起英语。回国后，大家都很奇怪我的英语怎么能琅琅上口了呢？其实，我也不过是大胆而已。凡事都有一个过程，虽然一开始我的英语很糟糕，但熟练之后就逐渐自信起来！我常常想，如果自己不去尝试着说英语，也许这一辈子都不会说了！"

　　盛田昭夫不仅是个胆大的人，也是个心细的人。他家的电脑里有一个秘密的文件。这个文件可是他的秘密武器，拒绝对外公布。

　　盛田昭夫交友广阔，海内外许多著名的政治家、企业家和艺术家都是他的好朋友。这个文件就是他的"朋友档案"，存储着四五千人的资料。他曾经得意地告诉一位朋友："这些朋友的资料非常珍贵。每个人的资料都包含了将近30项的内容。比如地址、电话、生日、兴趣爱好、见面的次数、谈话内容，

还有家属的信息。每次我要和朋友见面，都要看看这些信息以及我们何时何地初次见面，见面都聊了些什么，上次见面有什么约定等。可以毫不夸张地说，我最大的财产就是这个文件了，因为我世界各地的朋友们都在这个文件里啊！"

朋友是人生的财富，盛田昭夫也不例外。他和某个重要人物见面之前，都会打开电脑，把对方的资料牢牢记住。

有一次，他和美国联邦通讯委员会主席米诺先生聊天。在交谈中询问对方："您母亲明天过生日，该有80岁了吧？"米诺不仅惊讶于他的好记性，也觉得十分贴心、温暖，对盛田昭夫好感倍增。后来，两个人成了好朋友。

有一次，盛田昭夫在家中举行酒会，邀请米诺先生参加。米诺带来了一个朋友，就是当时担任白宫政策顾问的基辛格博士。基辛格和盛田昭夫闲聊了一小会儿，大有相见恨晚之感。盛田昭夫觉得基辛格拥有远见卓识，日后一定会成为影响世界的重要人物。果然不出他所料，数年之后，基辛格博士成为了美国国务卿。盛田昭夫在东京的欢迎酒会上再度与基辛格见面，对初次见面的情形娓娓道来，让基辛格惊叹不已。两个人也逐渐成了好朋友。

盛田昭夫的交友之道与众不同。一般人交朋友，大多是有求于对方，或者对方在某些时候能帮得上自己。盛田昭夫认为，虽然交朋友会给自己带来好处，但绝不能因为好处才结交朋友，首先要想想自己能为对方做些什么。如果只想获得回

报，不肯为朋友付出，就不是真正的朋友。即使不能在钱或者物质上有些帮助，也要能帮忙出主意。

有些美国朋友想到日本投资，盛田就会告诉对方日本的经济怎么样、日本人的处事特点、如何与政府官员往来等。比如，基辛格博士有时候就会打电话请教盛田昭夫："日本方面向我提出一些建议，你觉得怎么样？"这时，盛田昭夫总会设身处地为他想办法、出主意。盛田昭夫之所以成功，不仅因为他会做生意，更因为他会做人。他热爱工作，也热爱生活；关心生意，更关心员工；喜欢交朋友，更喜欢帮助朋友。唯有如此，才能成为真正的成功人士。

第四节　智者千虑，必有一失

忘了自己的缺点，就会产生骄傲自满。

——德谟克利特

盛田昭夫的正确决策，造就了索尼的辉煌。但智者千虑，必有一失，盛田昭夫也有决策失误的时候。

早在1964年，索尼就成功地研制出世界上第一台桌上电晶体计算机。本来，盛田昭夫打算大量生产电晶体计算机，但

他发现当时很多日本公司都在生产计算机。他觉得，如此激烈的竞争中，总会有人失败。索尼一直坚持"豚鼠精神"独创产品，就是为了避免这种劳民伤财的竞争，所以，他决定放弃生产计算机。

后来的结果的确也像盛田昭夫预计的一样，很多计算机制造商都偃旗息鼓，甚至破产，市场上只剩下三家主要的制造商。但是他也不得不承认，当时退出市场的决定太过仓促。假如当初没有放弃计算机，而是投资在产品研发上，以索尼的经济和科技实力，一定能够超越竞争的同行。

除此之外，索尼在家用录像机上也有过失败的教训。1975年4月，索尼公司推出了家用录像机，并以"Beta-Max"的名字开始销售。由于家用录像机有很好的市场前景，所以盛田昭夫认为应该不计成本地宣传。他决定把大笔资金用于推广产品，包括将产品介绍给消费者，告诉他们如何使用这种机器以及产品的好处。

然而美国分公司的总裁却不愿意执行盛田昭夫的决定。他的理由是如果加大广告的投资力度，却没有卖出足够的产品，就会造成巨大的损失。盛田昭夫说："作为企业家，不应该只看眼前利益，应该着眼于未来。"最后对方才勉强同意执行，但却没有达到盛田昭夫预期的效果。盛田昭夫想要一个令人拍案称绝的广告，但对方却根本不买账。他晚上辗转反侧，毫无睡意，最后终于忍不住拨通了分公司总裁的电话，并且声色俱厉地说："如果你不花一两百万美金来宣传Beta-Max，我就炒你鱿鱼！"这是盛田昭夫有生以来说过的最绝情的话，对方似乎也感到了盛田昭夫的愤怒，只好乖乖照做。

为了产品的销售，盛田昭夫做好足够的功夫，但结果却让他失望。1976年，也就是被盛田昭夫宣布为"录像机元年"的那一年，日本胜利公司紧随索尼之后，开始销售VHS式录像机。1977年，松下电器也采用了VHS式。当时录像机的市场率为：索尼39.5%，日本胜利公司24.9%，松下电器16.6%。然而到了1978年，松下公司后来居上，占有率超过索尼，成为最大的录像机生产商。

盛田昭夫对此百思不得其解。比较当时的Beta-Max式和VHS式录像机，所有人都会发现Beta-Max的图像更加清晰，性能方面更加占优势，外观也更加精致。为什么消费者会选择VHS式录像机呢？

通过市场调查才知道，消费者之所以选择VHS，原因非常简单：Beta式只能录影一个小时，VHS式却能录上两个小时。这对盛田昭夫来说无异于当头一棒，他做梦也想不到，竟会在时间上输给VHS。后来，索尼试图迎头赶上，开发出两个小时的录影带，但VHS也不甘落后，开发出4个小时的录影带；索尼不服输，开发出3小时的Beta式录影带，VHS开发出6小时的录影带。即使对手输出的画面很模糊，但索尼在时间长度上却永远不及对手。

盛田昭夫从朋友那里听说了松下公司的生产过程，开始反思失败的原因。松下公司在决定生产录像机之前，曾经派人去调查这两种规格录像机的情况。调查人员的解说让小学都没毕业的松下幸之助越听越糊涂，直截了当地问："归根到底，不同在哪里？"负责人说录影带时间长短不同。凭着多年的经验和敏锐的判断，松下幸之助说："如果是这样的话，不是录影时间越长越好吗？"就是松下幸之助的这句话，决定了胜负。松下公司选择了录影时间更长的VHS式录像机。

盛田昭夫意识到，Beta式录像机不仅败在了录影的时间上，更是败在对客户需求的忽略上。追求卓越技术并且以此为傲的索尼人，也包括盛田昭夫自己，从来都认为"只要开发出好的产品，顾客自然而然就会买了"。他们深信，对于录像机来说，能够录下并放映出稳定清晰的画面和优质的图像才是最重要的。但他们没有想到，顾客是以时间衡量价格的，顾客更关心6小时花多少钱。所以，顾客放弃了Beta式。

创业以来，索尼凭借着磁带录音机、晶体管收音机、随身听、彩色电视机大获成功、所向无敌，这次的失败是索尼历史上最为惨痛的教训，这次也让索尼从过分自信的迷雾中清醒过来。盛田昭夫说："通过这次失败，我深切地意识到，企业绝不能把全部赌注押在一个商品上，否则一旦失败就会满盘皆输。幸运的是，我们拥有家庭录像机的基恩专利，VHS式卖得越多，我们得到的专利费也越多。这次的失败并不是在技术上的失败，而是销售策略的失败，也是过分自信导致的结果。这也使得我们变得越来越谦虚、越来越慎重了。"

更为重要的是，这种失败不仅没有让索尼一蹶不振，反而激发了索尼人的斗志。就在Beta式录像机处于劣势时，索尼和飞利浦公司共同开发了CD唱片，进而又成功地开发出8厘米的摄像机。

经过这次的教训，在开发8厘米的小型手提摄像机时，索尼提议统一规格，避免因规格不同而导致的不良竞争。1981年，索尼、日立、松下、日本胜利和飞利浦公司组成了"五社委员会"。在五社委员会的号召下，国内外122家公司都参加了"8厘米摄影机座谈会"。经过四年的不懈努力，委员会在1984年3月终于制定出国际统一的规格。

与此同时，索尼也对CD唱片进行了研发。早在1980年，索尼就和飞利浦公司签约，向世界电子业提议，将共同开发的CD唱片统一规格。盛田昭夫认为，品质优良的Beta式录像机的失败说明统一规格的重要。在CD唱片上绝不能重蹈覆辙。虽然1982年CD唱片的开发基本完成，但他一直坚持到取得业界的支持才上市。

盛田昭夫一直认为，对于企业来说，失败并不可怕，可怕的是不能反思失败的原因，可怕的是从此一蹶不振，可怕的是不为重蹈覆辙找方法。在某种意义上，失败比成功更有价值。成功会让人骄傲自满、迷失方向，但失败却如醍醐灌顶，指引我们正确的道路。

第五节　收购CBS唱片公司

> 有人把机遇称为运气，不管称谓如何，
> 都有一点是绝对的，善于利用机遇比怨天尤
> 人更有益。
>
> ——盛田昭夫

开发出CD唱片，对索尼来说，仅仅成功了一半。盛田昭夫清醒地知道，光有唱片是不够的，还必须有唱片公司才行。

早在1968年3月，索尼就和美国的CBS公司合资建立了"CBS索尼唱片股份有限公司"，由盛田昭夫出任社长。CBS索尼唱片公司的招聘广告十分奇怪，上面没有工作经验、国籍、年龄、性别、学历的要求，只有一段话："索尼需要追求音乐理想的人，需要使CBS索尼公司成为日本第一流唱片公司的人。在索尼，你的收入与实力相当、与努力相当、与热情相当……"广告一出，有7000多人应征，但最后只录取了80多人。

公司成立第二年扭亏为盈，第五年利润额达到了业界的前

列，到了第十年销售额和利润额都跃居日本第一。

由于是合资的公司，CBS唱片公司拥有CBS索尼公司50%的股份，所以索尼并不能单方面说了算，总是受到种种束缚。当盛田昭夫提议开发CD唱片时，CBS唱片公司方面断然否决。因为从眼前来看，投资CD唱片风险太大。但盛田昭夫却始终坚持。就像他在《敢说'不'的日本》一书中所说的那样："美国人以10分钟为单位做事，只考虑10分钟的情况，但我们考虑的是10年以后的需求。我们认定CD唱片的未来前景，就会全力以赴地去开发。"

本来美国方面并不同意投资CD唱片的研发，但由于盛田昭夫将120亿日元都花在了CD部门，对方除了默许也没有别的办法了。

CBS唱片公司是世界上最大的唱片公司，不仅拥有许多著名的古典音乐家的版权，还有迈克尔·杰克逊等流行偶像的版权。虽然索尼和美方各占一半，但对方却不同意授权，导致索尼开发出CD唱片后，却发现英雄无用武之地。

就在索尼百般受制于的人时候，新闻界却盛传"索尼要收购CBS唱片公司"的传闻。盛田昭夫对此真是丈二和尚摸不着头脑。就在这时，CBS唱片公司的总经理耶德尼科夫告诉了他其中的缘由。

当时CBS唱片公司的董事长是提修，他是个十足的拜金主义者，手中掌握CBS唱片公司的全部股票。虽然CBS唱片公司在业界颇负盛名，效益也不错，但利润几乎被他榨干了，留给员工们的也所剩无几。为此，耶德尼科夫和提修谈过不知多少回，不仅没有改观，提修反而恼羞成怒地说："干脆把你们唱片部门卖掉算了！"耶德尼科夫眼见自己的部门将被出卖，就盘算着，与其卖给不知底细的人，不如卖给CBS索尼公司。

这个消息是CBS单方面散播的，让索尼很被动。CBS唱片公司拥有CBS索尼公司50％的股票，如果卖给其他不知底细的人，对CBS索尼没有半点好处。况且索尼要收购CBS的消息已经传得沸沸扬扬，如果被别人买去，外界只会认为索尼状况大不如前才打起了退堂鼓。

考虑再三，盛田昭夫决定收购CBS唱片公司。他试探性地问提修："你们真的想卖唱片公司吗？如果是的话，请考虑下我们。"盛田昭夫这样一问，提修顺水推舟，大肆向新闻媒体传播，让盛田昭夫和索尼骑虎难下。盛田昭夫提议收购CBS唱片公司，董事会九成以上的人都反对。当时CBS唱片公司的风评不好，收购无异于赌博。所有人都觉得，如果把CBS唱片公司买下来，索尼就会被它拖垮。但盛田昭夫一意坚持，也筹集到了资金，最后还是遂了他的心愿。

1987年11月19日，索尼和CBS唱片公司正式签约，索尼以20亿美元（约3000亿日元）收购了CBS唱片公司。1988年1月索尼正式宣布收购CBS唱片公司。1991年更名为索尼影像演艺公司。

子公司收购母公司，这可是前所未有的事情。外界议论纷纷，都说这是"危险的赌博"。出乎意料的是，收购CBS唱片公司后，索尼如同挣脱了束缚的笼中鸟，宏图大展。

作为"软体"，它推动了索尼"硬体"的销售。使索尼开发出不久的CD唱片，经过唱片公司的推广，很快掀起了销售狂潮。CBS唱片公司不仅没有拖后腿，随着CD唱片的风行，还让索尼的事业更上一层楼。两年后，当初用20亿美元买下的CBS唱片公司，价值已经超过了50亿。也就是说，它为索尼赚了30亿美元。

CBS唱片公司的成功，验证了盛田昭夫当初的推断："控制软体的人也能控制硬体。"磁带录音机、收音机、电视机、录像机、CD唱片等一系列产品，使得索尼成为了视听设备领域中屈指可数的制造商。

盛田昭夫虽然上了年纪，但依然野心勃勃，他打算拥有自己的影视软体。1989年9月27日，索尼宣布收购哥伦比亚电影公司，不久后更名为索尼影视娱乐公司。这是日本企业有史以来最大规模的收购。收购金额为30亿美元，哥伦比亚公司当时还有16亿的负债，总金额达到了46亿美元。索尼还以2亿美元的价格收购了哥伦比亚电影公司的纸片公司——格巴彼得斯演艺公司。这些费用折合日元为7000亿。这样一笔巨款，对企业的经营者来说，是巨大的挑战。一旦资金链发生问题，就会危及企业的生命。7000亿日元，相当于索尼营业额的2/3，利润的7倍。所有人都对此次收购心惊胆战，但索尼的统帅盛田昭夫依旧力排众议，信心十足地说："放心吧，即使做最坏的打算，我们也承担得起。"

收购哥伦比亚公司，盛田昭夫并不是一时冲动，而是深思熟虑的结果。索尼在Beta式摄像机失败后，推出了8厘米大小的微型摄像机，但销售情况并不乐观，市场占有率也很低，还不如日本胜利公司这些后起之秀。经过反思，盛田昭夫发现：日本胜利公司拥有20世纪福斯公司、哥伦比亚公司的发行权；富士集团掌握着迪斯尼公司的发行权；华纳公司手中握有美国华纳公司的发行权；而索尼则完全被排除在外。如果说Beta式的录制时间不如VHS式，那么8厘米的摄像机已经弥补了录制时间的缺陷，外形甚至更加出色。销售不佳的原因无外乎在于"软体"的差异。更为重要的是，摄像机必须要靠软体的支撑，仅仅靠录制电视节目，摄像机是没有成长空间的。盛田昭夫想来想去，觉得掌握影视软体是索尼发展的当务之急。

1988年8月，索尼成立索尼电影公司。为了具有全球竞争力，索尼电影公司必须和全球性的大电影公司扯上关系。之前和CBS唱片公司的合资，索尼已经吃够了苦头，盛田昭夫发誓，再也不跟别人合资了。这样索尼就只好并购好莱坞的八大电影公司之一。

盛田昭夫经过比较，最后选定了哥伦比亚电影公司。哥伦比亚公司拥有的作品数量极多，包括2700部电影、2300部电视剧。虽然对方是全球一流的影视公司，索尼也信心满满。但当时的哥伦比亚电影公司已经好几年拍不出好作品，每况愈下。频频更换主管，更使得人心惶惶。拥有49%股权的可口可乐公司急于出售股票。可口可乐公司的总裁与盛田昭夫是老相识，十分愿意将股票出售给索尼，这对索尼来说更是求之不得的好机会。天时地利人和，索尼顺理成章地收购了哥伦比亚电影公司。收购并不是索尼的最终目的。让该公司重整旗鼓并长期地发展下去，才是索尼真正想要的。盛田昭夫深谙用人之道，更懂得人才是企业的生命。为了让公司尽快步入正常轨道，也为了公司的长远发展，盛田昭夫物色了两名出色的制片人和管理者——彼得·格巴和约翰·彼得斯。还并购了两个人共同经营的制片公司——格巴彼得斯公司。索尼给他们两个人的年薪高达250万美元，折合3亿多日元。

这两个人不负众望，并购后不久，哥伦比亚公司就创作了两部非常优秀的电影——《雨人》和《蝙蝠侠》。这些影片囊括了1989年奥斯卡金像奖的最佳男主角以及最佳编剧、最佳原创剧本的提名。1992年，索尼公司凭借《终结者2》《冰的微笑》《角斗士》等影片，将原来9%的美国国内票房占有率提高到20%。

这两桩大手笔的收购案，让美国人焦虑不安。收购哥伦比亚后，美国的新闻周刊把哥伦比亚电影公司的注册商标——自由女神像，改成了穿着和服、满脸阴笑的艺妓，配上"日本企

业买走了美国魂"的醒目标题并刊登了长达10页的专题。

索尼并没有在美国人的不满和批评中走下坡路，事实恰恰相反。收购了CBS唱片公司和哥伦比亚电影公司后，索尼掌握了世界一流的"视""听"软体，如虎添翼。索尼的蒸蒸日上，让众人不得不佩服盛田昭夫的深谋远虑。

1988年，盛田昭夫在CBS索尼唱片公司的20周年庆典上信心十足地说："由于软体的发展，新的硬件才会发挥作用。我想，不仅是音乐，还有电影，都应该成为索尼的业务。硬体和软体是索尼公司的两个车轮，只有让它们同时转动，索尼才能走得更远。"

第六节　O型血的天下

如果你是和机器沟通的话，当然可以完全以理性来思考。但是如果你是和人共事，有时候你得让逻辑思路休息下，才能够顺利地沟通。

——盛田昭夫

盛田昭夫和井深大一起在战后的废墟中创立索尼，凭着不

断学习和积累的知识、能力，以及敏锐的市场定位，他们把索尼打造为世界知名的企业。回首往事时，两个人都感慨万千，回想一路的艰辛，两人更加珍惜今日的辉煌，盛田昭夫和井深大最担心的就是后继无人。

盛田昭夫对井深大说："今后最重要的是，在拥有硬体和软体两大领域的同时，我们能不能成立一个优秀的领导班子，这对公司来说是头等大事。"

在接班人的问题上，盛田昭夫也独具慧眼。他没有在索尼公司内部找接班人，反而找了一个学习歌剧的学生，更奇怪的是这个人压根不把索尼放在眼里，对索尼横挑鼻子竖挑眼。他就是前文提到的大贺典雄。

1930年大贺典雄生于静冈县。在东京艺术大学读书期间，大贺典雄就和索尼结下了不解之缘。为了给学校买录音机，大贺典雄拜访了盛田昭夫。让盛田昭夫想不到的是，这位身材魁梧的大学生还带着一份订购单，订购单上列举了一系列索尼录音机需要改进的地方。从他大谈特谈录音机的电阻、频率的过程中，盛田昭夫看到了自己当初的影子。他邀请大贺典经常来公司，当公司的社外监督员。

1953年，大贺典雄从东京艺术大学声乐系毕业后，盛田昭夫就聘他为兼职人员。在他前往德国柏林留学期间，不断地把德国制造磁带录音机的相关资料，送给索尼的东京总部。

大贺典雄在德国留学期间，井深大去欧洲考察，盛田昭

夫拜托大贺典雄作井深大的向导。两个人借车去了荷兰、比利时等国家。无论视察哪个工厂，大贺典雄总是把井深大抛在一边，询问有关机械制造的问题，还经常因为意见不合，与人争论不休。这种坦诚、率真的个性，让井深大非常欣赏。

1955年，大贺典雄收到了索尼刚刚完成的TR-55型晶体管收音机。看到精美的收音机，大贺典雄赞不绝口。经过他的宣传，在德国留学的日本学生都竞相购买。

1957年，大贺以最优秀的成绩从柏林高等音乐大学毕业。在奥地利萨尔茨堡召开的国际音乐会上，他获得了优秀奖。在欧洲公演的歌剧中，他担纲主角。可以说，作为歌剧歌手他的前途不可限量。

大贺典雄对未来的歌剧歌手生涯信心满满，但盛田昭夫和井深大却想拉拢他进入索尼工作。盛田昭夫对大贺典雄说："你在音乐方面很有天赋，想必一定能成为日本一流甚至世界一流的音乐家。但我相信，如果你当经营者，必然也是一流的。你为索尼工作的这段时间，处事果断，领导力非凡。我觉得你是天生的企业家，应该有更大的舞台。索尼需要你，你也需要索尼。如果要成为卓越的企业家，至少需要十年的时间去锻炼。你现在还不到30岁，如果现在下定决心，40岁之前就能成为一流的企业家。时不待人，你应该趁早下决心才是。"

盛田昭夫说得极为恳切，但大贺典雄从小就立志要成为歌剧演员，从来没想过做生意的事情，更没打算放弃音乐梦想，所以他根本不为所动。为了说服他，盛田昭夫只好承诺："你可以一边在索尼工作，一边从事演出活动。"大贺只好勉为其难地答应留在索尼工作。

1959年，盛田昭夫去欧美寻找晶体管收音机的经销商和店铺，他邀请大贺典雄和他一起出行。在旅行期间，他们两个形影不离，一起吃饭、外出、聊天。大贺典雄毫不客气地批评索尼："索尼的经营方式太落后了！"这句话道出了盛田昭夫的心声。他早就觉得索尼的经营方式和管理方式太陈旧，正为此苦恼。大贺典雄的这番话，让盛田昭夫更加坚信自己的眼光没错。盛田昭夫趁机使出了激将法，他对大贺典雄说："你竟然这么说，就进入我们的公司，让我看看先进的经营是什么样子！"可惜，聪明的大贺典雄一眼就识破了他的计谋。但盛田昭夫没有泄气，在这次旅行中，他还是苦口婆心、不遗余力地劝说大贺典雄。

1959年，大贺典雄以参议的身份进入了索尼，不久后就被盛田昭夫破格晋升为第二制造部的部长。当时索尼里的很多人都觉得大贺典雄是个艺术生，说话又经常得罪人，没什么实际的才能，因此对这个"部长"议论纷纷。

盛田昭夫却什么都没说，还给了大贺典雄很高的薪水。当时的大贺典雄虽然只是部长，但薪水却跟常务不相上下。他29岁当上部长，34岁当上董事，简直是平步青云。盛田昭夫知道，要想把大贺典雄拉拢过来，不给他丰厚的薪水和显要的职位是不行的。

幸运的是盛田昭夫找接班人和做生意的眼光都不错。大贺典雄38岁出任CBS索尼唱片公司的社长。5年后，CBS索尼公司在他的经营下成为了日本一流的唱片公司。连他自己都感叹："如果没有盛田君，我不会进入索尼，更不会有今天的成就。是盛田君发现了连我自己都没发现的才能，他真是了不起。"

大贺典雄只有在盛田面前才难得谦虚，其他时候则自信到狂妄的地步。他曾经说："有志不在年高。我虽然年纪轻轻就当上了社长，但绝不是无能的草包。我20岁的时候就以独唱家的身份登台演出。独唱团和陪唱团将近300人，我丝毫不觉得紧张，可见我天生就有领导才能。如果是个草包，怎么锻炼都是白费力气。不是我自我吹嘘，索尼如果没有我，就不会成为今天这样的大公司。"

有意思的是，盛田昭夫的血型是O型，井深大的血型是O型，大贺的血型也是O型。身居要职的三个人都是O型血，盛田昭夫开玩笑说："这样看来，我们公司只有O型血的人才会有出息啊！"

据说O型血的人个性很强，盛田昭夫、井深大、大贺典雄都是如此。创业开始，盛田昭夫就常常因为意见不同与井深大争吵。争吵完两个人都毫无芥蒂，依然是好朋友、好伙伴。只要有人说井深大的坏话，盛田昭夫马上站出来让对方道歉。而大贺典雄和盛田昭夫争执起来也毫不让步。即使当着盛田昭夫

的面，他也经常直抒己见，想说什么就说什么。就像当初的井深大和盛田昭夫一样，虽然争吵，关系却十分融洽。即使如此嚣张的人对盛田昭夫也满是崇敬之情。他说："我非常感激盛田君，也很尊敬他，他是个天才。在全日本，从来没有像他这样有魄力、有远见的人。"而对这样狂妄的人，盛田昭夫和井深大也能重用，胸襟气度可见一斑。

班级里有班风，学校里有校风，索尼里也有自己的社风。井深大、盛田昭夫、大贺典雄都是喜爱音乐、执着地追求梦想的人，这种全力以赴地追求梦想的热情，就是索尼前进的动力；他们都是富有冒险精神、勇于尝试新新事物的人，这种勇气和魄力，就是索尼不断超越、不断创新的源泉；他们又都是敢于直抒胸臆、坦诚相见的人，这种坦率、胸怀和气度，就是索尼将人才尽收囊中的秘密。

结　语

1999年10月3日上午10点25分，盛田昭夫离开了这个世界。

如今的索尼已经是一家全球知名的大型综合性跨国企业集团，是世界视听、电子游戏、通讯产品和信息技术等领域的先导者，是世界最早便携式数码产品的开创者，是世界最大的电子产品制造商之一，是世界电子游戏业三大巨头之一，是全世界最大的电影公司，是全世界最大的音乐公司，是世界十大专利公司之一。

盛田昭夫被誉为"经营之圣"，与被誉为"经营之神"的松下幸之助（松下公司创始人）齐名，在经济界是许多企业家学习的榜样。

索尼创造了许多从未有过的新产品，创造了一个又一个销售奇迹，改变了人们的生活。盛田昭夫的故事已经结束，但他的经营理念，比如创新和国际化理念，一直引领着索尼不断超越、不断成长，这也是他留给我们最大的财富。